Hugo Ball

Schriften

Hugo Ball: Schriften

Berliner Ausgabe, 2013
Vollständiger, durchgesehener Neusatz mit einer Biographie des Autors
bearbeitet und eingerichtet von Michael Holzinger

Textgrundlage ist die Ausgabe:
Hugo Ball: Der Künstler und die Zeitkrankheit. Ausgewählte Schriften,
Frankfurt a.M.: Suhrkamp, 1984.

Herausgeber der Reihe: Michael Holzinger

Reihengestaltung: Viktor Harvion
Umschlaggestaltung unter Verwendung des Bildes:
Hugo Ball (Fotografie, München Juli 1926)

Gesetzt aus Minion Pro

Verlag, Druck und Bindung:
CreateSpace Independent Publishing Platform, North Charleston, USA,
2013

ISBN 978-1482073164

Inhalt

Wedekind als Schauspieler

I

Es wird die Zeit kommen, wo es zur Bildung gehört, auch Schauspieler sein zu können. Wo die Schauspielerei gewissermaßen als Sport betrieben wird, so gut wie alle übrigen Bildungszweige: Wissenschaft, Religion, Gedichtemachen, Redenhalten. Ein Mann von Körper und Geist wird sich nicht mehr blamieren dürfen, wenn man ihn fragt, wo er zuletzt aufgetreten ist. Solche Zeiten werden lächeln, wenn sie hören, daß es für uns ein Thema war, ob Wedekind Schauspieler ist oder nicht. Schauspieler ist jeder, der öffentlich auf eine Bühne oder ein Podium tritt, um sich (coram publico) zum Besten zu geben. Verwandlungskunst ist belanglos, seit wir (geistig) allesamt Schauspieler wurden. Wir haben's selbst; wir suchen's nicht mehr auf der Bühne. Wir suchen im Theater keine Seelenwanderung mehr; wir suchen Personagen: Neue Körper. Neue Seelen. Wir kommen uns Schauspieler ansehen, wie Sokrates zur Herodote kommt: Neugierig. Nicht auf das Stück. Sondern auf den Kerl; sondern auf das Weib oder Weibchen. Wir wollen ein neues Stück Mensch wahrnehmen, eine terra nova incognita. Es ist uns piepe, ob jemand, der Herr Schulze ist, auch Herr Müller sein kann. Oder ob Frl. Schmidt sich in Frl. Huber verwandelt. Wir pfeifen drauf. Wir wollen neue Beine. Neue Hüften. Neue Köpfe. Neue Struktur Leibes und der Seele.

II

Als Frank Wedekind auf die Bretter trat: Donnerwetter! Die anderen sahen neben ihm aus wie ein Kegelspiel, das im Umfallen ist. Sie waren einfach nicht mehr da. Es gab uns einen Riß. Wir fühlten: Voilà! Das ist er! Seine Stücke waren bewiesen. Hatten auf einmal Existenz. Zwielebigkeit zwischen Dichter und Werk ward Einheit. Sein Atem glühte. Sein Tempo hackte. Fanatismus brachte ein Vibrieren auf die Bühne, wie nur noch der Tänzer Nijinski es bringt. Da standen drei Kerle in einer Person: ein Zelot, ein Dichter und ein Tribun. Seine Angelegenheit, die vorher eine solche der Theaterkanzleien und Verlagsbüros gewesen war, sprang in die Öffentlichkeit. Was vorher Schreibsal war, ward Lebsal. Fluchte, blutete, tobte, schrie: uns und der staatlichen, gesellschaftlichen, religiösen, moralischen Autorität ins Gesicht hinein. Schauspieler werden hieß für ihn: sich ein öffentliches Leben schaffen; Agitation für sich und die Sache, Auseinandersetzung deutlichste, Brust an Brust mit denen, denen es galt. Das gab ihm eine Unmittelbarkeit, die ein »Berufsschauspieler« nicht erreichen kann, weil er immer nur Mittler bleibt. Wedekinds Manco: Die Kunst (d.h. Beherrschung) der Invektiven. Bombenwerfen wird demnächst moderner sein und ihn verdrängen.

III

Ein Schauspiel, grausam wie Harakiri (wird man sagen): Es schlitzte sich einer die Seele auf. Zerstörte die Wand zwischen innen und außen. (»Scham« genannt.) Zwischen öffentlich und privat. Zerriß und zerfetzte sich selbst. Barbarismus. Flagellantentum. Und lud uns als Zuschauer ein. Fluchte sadistisch, spie Witze und Hohn. Und immer der Verstand, der hinrichtende Verstand. Gotische Berserkerei in diesem Sichselbst-Entblößen; unerhört. (Erinnert euch an »Zensur«, als er den Buridan spielte, eines Tages. »Der Clown Wedekind«. Das Lachen blieb euch in der Kehle stecken. Oder als er den Hetmann spielte: Donquichote im Reich der Idee ward jetzt erst Bild.)

IV

Nicht daß er immer ergriffen hätte. Er hypnotisiert. Er hat den Krampf im Gehirn. Den Krampf (im Körper). Den Krampf (in der Kehle), in den Beinen. Auch in den –. Holzschnitt ist alles: grob und eckig und ohne Übergang. Dachskulptur der Kathedralen von Reims und Amiens. Holzwerk von Riemenschneider. Es knarrt, wenn er schreitet. Er krächzt, wenn er spricht. Seine Nase ist steil und kühn. Wenn er auf der Straße der Elektrischen begegnet, zwingt er sie auszuweichen. Mißtrauisch, gereizt, verlegen. Oder taktlos, brutal, sarkastisch. Naiv wie ein Ponny und tobsüchtig wie ein Narr.

V

Was wird mit seinen Stücken geschehen, wenn er einmal seinen Posten quittiert? Wer soll den Hetmann spielen? Wer den Veit Kunz? Wer den Lindekuh? Die glatte Hälfte, die Agitation, der Trommelschlag, fällt weg. Es ist der Sinn dieser Dramen, daß er sie selbst vorbringt. Die Steinrücks und Kayßlers sind zuguterletzt Kayßlers und Steinrücks, aber keine Wedekinds. Warum? Weil sich Jaurès und Briand und Churchill vertreten, aber nicht ersetzen lassen. Weil seine dramatische Idee die der Dramatik des öffentlichen Lebens ist und ihre letzte Gestalt erst findet, wenn er selbst sie verficht. Er ist (immer vom Spezifischen gesprochen) nicht abzutrennen von seiner Idee. Er steht auf der Bühne: drei Worte, und all sein Verfolgungswahn ist plausibel: Unterdrückte Vitalität, gereizt, entlädt sich in aufreizendem Widerspruch.

VI

Andere können gar nicht genug von ihm lernen. Sein Zweck ist die Sache. Sein Mittel die Sachlichkeit. Logik (die man ihm merkwürdigerweise abgesprochen hat) seine Methode. So spielt er (seine) Stücke. Ohne viel Gestus. Ohne viel Mimik und Maske. Er macht nicht Theater. Er besetzt es, nimmt es in Beschlag. Dabei ist es ihm peinlich um Theatralik zu tun (als Regisseur). Es muß oben beständig etwas los sein. Er kennt die Gesetze, mit denen man fesselt, und wendet sie an mit großer Sorgfalt. Lernet von ihm, wie man Realitäten bringt. Wie man auf den Füßen steht. Wie man da ist. Neben ihm ist alles nur wackelndes Postament.

VII

Er ist Abschluß einer Epoche. Prägnanz im Superlativ. Rationalistisch-logisch kann man nur mit Prägnanz sein (und umgekehrt). Er steht da als das Ende der Moral, als die verkörperte Moralidiosynkrasie dieser letzten Epoche. Aus ist's. Moral (samt ihrer Negation: Amoral) wird binnen kurzem kein Gegenstand mehr sein. Nur mehr Farbfleck. Ihr (Dramatiker!), die ihr euch mit der Gesellschaft befaßt, hört auf! Der Schauspieler Wedekind, populär geworden, macht allem übrigen Gesellschaftsstück den Garaus. Drückt es an die Wand. Erledigt es. Ihr könnt keine Gesellschaftsstücke mehr schreiben, ohne in seine Stapfen zu treten. Neues, oder ihr seid seine Epigonen!

VIII

Reminiszenz: Wie er in Franziska hereinkommt als Sternenlenker Veit Kunz! Sackerment! Durchs Fenster und in die Knie knickt und im Halbkreis läuft! Phänomenal! Sein obligatorischer Satanismus (der Bürger verlangt das) – Kinderschreck. Wir amüsieren uns über das Ponny. Wir lächeln, wenn er Hinkefuß macht. Aber dieser schwarze spiritus rector, der durchs Fenster kommt und im Kreise läuft, das ist der Teufel im Kasten. Nicht unterzukriegen. Der Deckel springt auf: schon streckt er den Kopf hervor.

IX

Er ist voller Schalk und Schabernack, Arabeske und Schilderei. Das Akrobatentum hat er wiederentdeckt – für die Bühne der Zukunft. Er berührt die Japaner; das urtümliche Volksgaudi; die Schwertschlucker, Seiltänzer und Purzelbaumschläger. Man wird ihn ausarbeiten. Er fliegt und reitet, schwebt an den Kniekehlen in der Luft (meiner Treu). Es ist sein größter Vorteil, daß er (in jungen Jahren) mit dem Zirkus reiste.

Das Psychologietheater

Es ist evident, daß alle Psychologie ein Sicheinfühlen in die fremde Existenz, ins Objekt, in den Gegenstand voraussetzt. Um etwas »Psychologisches«, etwas über die Seele einer Sache, eines Menschen, eines Unternehmens aussagen zu können, bedarf es einer Fähigkeit des Sicheinfühlens, des Besitzergreifens, des Sichselbstverlassens, die absolute schauspielerische Begabung voraussetzt. Ich behaupte: große Psychologen müssen notwendig große Schauspielernaturen sein. Psychologie und Schauspielerei sind aufs engste verknüpft (der Psychologe ist gezwungen, sein Objekt zu erleben, es persönlich zu durchdringen, es selber zu sein, bevor er etwas Wesentliches darüber aussagen kann). Die psychologische Epoche, die in Nietzsche, Dostojewski und Ibsen gipfelte, hat einen eminent schauspielerischen Untergrund. Mit dem Hochkommen dieser Epoche wird das Interesse für Theater und Schauspielkunst universal, setzt die Überschätzung des Theaters ein. (Siehe Richard Wagner. Siehe seinen Ausläufer Max Reinhardt. Brahms Ibsentheater.) Mit dem Durchschauen der Psychologie (mit dem Zeitalter der Psychoanalyse) schwindet auch das Interesse am Theater. Die großen Psychologen haben das Theater universal gemacht (der Fall Nietzsche-Wagner); auch die Schauspielerbegabung. Durch die Psychologie sind diese Dinge allgemein geworden. Wie etwa Freud die Hysterie zergliedert und damit einen Allgemeinzustand der Hysterie einleitet. Wir sehen das Theater nicht mehr als Spezialität. Wir sind's selber geworden. Wir brauchen nicht mehr in den obligatorischen Kunsttempel zu gehen. Wir nehmen das Schauspielern nicht mehr als Sensation. Und wenn wir gehen, gehen wir aus anderen Gründen. Vor allem: wir betrachten die Psychologie – psychologisch. Wir empfinden sie als plebejisch, pedantisch und unvornehm. Wir empfinden sie als ein Durchschnüffeln, Durchtasten, Durchstöbern eigener und fremder seelischer Angelegenheiten ohne Distanz; zur Wissenschaft erhoben widerlich. »Psychoanalyse« als eine Art resümierter Psychologie findet allenfalls noch unsere Billigung, wenn sie, unter strengster Staatskontrolle, medizinisch fungiert. Psychologie (moralisch genommen) empfinden wir heute als eine Ausschweifung masochistischer Personen. Als ein Türhorchen der Senilität bei der ökonomischen Verwaltung unserer inneren Angelegenheiten; als ein Domestikenvergnügen, wenn man so sagen will. Wir hören Syllogismen und Wasserfälle von Phrasen, die den Kern nicht mehr treffen. Psychologie beispielsweise bei Ibsen ist uns beträchtlich zu einem Klatschsuchtsphänomen heruntergesunken. Wir sehen Brille, Lupe und Gelehrtenzopf hinter der »Seele« her (die nicht mehr existiert). So jemand sein sollte, der Seele hat, das ist *seine* Sache.

Jene »schauspielerische Urbegabung« aber erklären wir uns aus dem Druck, den Jahrhunderte borrierten Christentums auf die Knechtung der Körper und Geister verwandten. Wir erklären die psychologisch-schauspielerische Epoche der genannten Größen als lebendig gewordene Versatilität ganzer Generationen von Unterdrückten, die mit allen Mitteln der Verzweiflung und Verschlagenheit in andere Gestalt hinüber und durch sie aus ihrer eigenen herauswollten (es ergibt sich die Parallele zur Popularität des Weibes). Wir erklären »den Schauspieler« aus der Suprematie asketischer Orden, aus dem Fron und der Nachwirkung cäsarischer Papstnaturen; aus dem tausendjährigen Wutideal metaphysischer Fleischverachtung. Wir glauben, daß die gesamte Epoche heutiger Aufklärung als Reaktion gegen Moraldruck selber noch eine Moralidiosynkrasie sei (Wedekind). Wir stellen als Gegenideal, zwecks Überwindung, den Expressionismus auf, der gar kein Objekt mehr kennen will; der mit wahnsinniger Wollust die eigene Persönlichkeit wiederfindet und deren Diktatur ausruft in hintergründigster Selbstschöpfung. Theater als Abenteuer, als Weltreferat, als hoher Lyrismus. Wir lassen das Christentum gleiten. Die Psychologie anbei. Uns heute, die wir einander eine »Renaissance in Gesundheit und aristonischer Ungebrochenheit« versprechen, uns dämmert damit auch der römische Histrionenhaß wieder auf. Kein Vorurteil mehr gegen den Schauspieler als soziales Glied. Aber ein Achselzucken bei seiner »Verwandlungskunst«.

Totenrede

Hans Leybold – ich muß ihn ja gekannt haben! Wir führten an den Kammerspielen in München zusammen Hauptmanns »Helios« auf. Er war ein Student. Er machte mich mit der »Aktion« bekannt. Er negierte mein Gesäß. Er reizte mich maßlos.

Wir fanden einen kleinen Verlag in München. Der hieß Bachmair, H. F. S. X. Y. Bachmair. Anlaß vielen Gelächters für uns. Sprach Leybold: »Lasset uns eine Zeitschrift gründen!« Die hießen wir »Revolution«. Als die Zeitschrift gegründet war, verlangten die Abonnenten ein Programm. Leybold sprach: »Wohlan denn, Ihr –, wennschon immerhin: Hier habet ihr ein Programm«. Und schrieb: »Kampf gegen Seiendes, für Keimendes. Gegen Kunstportiere, Kulturportiere, Avenariusse, Scharrelmänner, Obskuranten, Schwärzlinge, Hertlinge, Hohlwege, Panteutschisten, Stagnaten, Kastraten. Gegen literaturbehaftete Oberlehrer, kunstsinnige Kritiker, allgemeine Rundschauer. In Summa: Gegen Zuständliches«. Und fügte hinzu: »Nichtschriftsteller heraus! Keine Literaten sollen gezüchtet werden«. Da hatte man denn die Revolution! Da war sie. 20 Jahre alt war der Kerl. Sehr hurtig. Und paffte einfach drauf los.

Sprach jemand in Berlin: »Was ist das für eine Revolution, die ihr da macht in München! Da steht ja kein Satz Politik drin!« »Richtig«, sprach Leybold, »da steht kein Satz Politik drin. Was soll man tun?« 5 Minuten später waren wir konfisziert mit Nummer I.

»Holla«, sagte ich zu ihm, »da steht nur kein Sozialismus, keine Altersfürsorge, kein Mutterheim, kein Rotes Kreuz drin. Und auch die Rosa Luxemburg wird nicht mitarbeiten. Noch Frau Zetkin«. »Aaber: Politik, zum Donnerwetter, Politik«, sprachen wir zweistimmig, »ist das etwas anderes als die Lehre von den Mitteln, mit denen man sich selbst oder eine Idee durchsetzt? Und wenn unsere Idee – na, sagen wir schon – ›der Geist‹ ist, ist es vielleicht unsere Politik, daß wir ›den Geist‹ durchsetzen?« Unter Geist verstanden wir aber alles, was gegen das Gesäß, gegen die Verdauung und gegen das Finanzherz gerichtet ist. Jeglichen Fanatismus im Gegensatz zu jeglichem Traum- und Innenleben. Jegliche Anarchie im Gegensatz zu jeglichem Bonzentum (sei's, wer's sei). Wir versuchten, das überlegene geistige Kaliber in unsere Hand zu bekommen und es spielen zu lassen. Wir suchten jede Handlung, jedes Unternehmen, jede Zeile Geschriebenes nur im Zusammenhang mit unserer Endabsicht zu ästimieren, für Komplexe empfindlicher als für Äußerungen. Für Wandlungen dankbarer als für »Charakter«. Unser Ziel aber hieß: Geistige Konspiration zwecks Ermöglichung geistiger Werte.

Inzwischen verspritzten wir Glossen und Gedichte, nach allen Seiten. »Die Revolution« verkrachte nach 5 Nummern. Leybold wurde nacheinander Mitarbeiter des »März«, des »Vorwärts«, der »Aktion«, der »Zeit im Bild«, der »Tat«.

Das Bedeutsamste, was er in dieser Zeit schrieb, scheint mir eine Glosse in »Zeit im Bild« gewesen zu sein. Dort vertrat er die Ansicht: »Es muß (in diesem Volk) immer etwas los sein. Immer etwas knallen, passieren. Immer wer angezaubert werden. Laut erhebet eure Stimmen, lauter, lauter. Der Zweck heiligt die Mittel«. Ein richtiger Jesuit, was? »Die Stillen im Lande«, meinte er, »werden nicht gehört«. Er meinte damit solche Herren Hermann Stehr, Gustav Landauer, Paul Boldt und andere.

Und es begab sich, daß uns der Einfall kam, Franz Blei zu propagieren. Wir fanden das sehr witzig. Blei hatte immer propagiert. Warum sollte er nicht selbst einmal propagiert werden? Also spielte er die Uraufführung seiner »Welle« in den Münchener Kammerspielen. Leybold programmatelte. Seewald inszenierte. Ich zeichnete verantwortlich. Wir bewarben uns um eine Theater-Direktion in Dresden. Wir versuchten das Münchener Künstlertheater in unsere Hand zu bekommen (wohl wissend, daß das Theater der springende Punkt ist). Wir planten eine internationale Anthologie von Lyrik. »Teufel, Teufel«, sagte Leybold, setzte sich in die Eisenbahn und fuhr nach Kiel.

Wir entspannen einen heftigen Briefwechsel. Er warb um mich, vorsichtig und höflich, wie um eine obszöne Frau. Wir erkannten einander und setzten ein Psychofakt in die Welt, das wir Baley nannten und das den Zweck hatte, Posen, Gesten, Vexationen zu kultivieren. Arrogant zu sein wie – wie Einstein.

Ich befreundete mich mit Kandinsky und ging zum Expressionismus über. Er seinerseits empfahl mir Heinrich Manns »Professor Unrat« zur Lektüre. Ich schrieb ihm:

»Wir, Bruder, toben mit den grellen Bumerangs, Trompetenbäume schrillen in Cis-Moll.

Wir schnellen durch die Luft gleich Fetzen grünen Tangs,
Blutäugig fliegende Fische voller Haß und Groll.«

Ich suchte ihn von Heinrich Mann und seiner Begeisterung für die Sachlichkeit abzubringen.

In demselben Moment erklärte Kaiser Wilhelm, daß das mit den Franzosen und Russen so nicht weitergehen könne. Und Leybold schwenkte *auch* die Fahne und blies *auch* ins Hifthorn und machte *auch* den Krieg mit Frankreich. Mir persönlich ist ja der Krieg unsympathisch, denn es ist eine Rigorosität, daß Leute wie Pèguy erschossen werden. Aber man kann nichts machen. Denn der Krieg ist eine Notwendigkeit Gottes. Dazu kam, daß Leybold eine Sympathie hatte für Kanonenrohre, weil sie ihn mit Freudschen Theorien erfüllten.

Doch hiervon genug. Sie werden wissen wollen, was dieser geniale junge Mann positiv geleistet hat. Nun denn! Er starb auf dem Felde der Ehre (viele Russen sterben anderswo). Er hat eine Zeitschrift gegründet, die einen sehr bedeutungsvollen Namen hat. Er pöbelte gegen Otto Ernst, gegen die Epigonen des Turnvaters Jahn, gegen Roda Roda, Feistritz, Walter Kollo und viele andere. Was an sich nichts bedeutet. Aber er faßte diese Insekten in Kristall, putzte sie auf, hing ihnen Schellen und Lendenschürze um, so daß mit der Zeit eine recht niedliche Negertruppe daraus geworden wäre.

Sodann: Er tat furchtbar viele Frauen auf: bei ihm eine Form der Propagierung des öffentlichen Lebens. Glich sich dadurch Ulrich von Hutten an. Dichtete:

Unglaublich viele schöne Frauen gibt es in der Stadt,
Sie haben blaßgepuderte Wangen und ziegelrote Münder,
Sie sind teils kränklich, teils gesünder,
Manche quellen über, manche werden niemals satt.

Er fiel Athleten an, Kunstturner, Studenten, Cafétiers und stiftete auf diese Weise eine Art abgekürzter Polemik. Er hielt es für ganz unwichtig, Literatur zu machen, und für sehr schwer, ein deutscher Schriftsteller zu werden, weil das eine contradictio in adjecto sei.

Aber das alles half ihm nichts. Eines Tages, mitten im Krieg, stürzte er vom Pferd, vor der Stadt Namur, kam zurück nach Berlin, pflanzte einen Vollbart ins Café des Westens und begab sich in seine Garnison Itzehoe, von wo er depeschieren ließ, er sei mit dem Tode abgegangen.

Es ist unerhört und scheußlich, daß dieser junge Mann aus dem Kriege nur die physische Konsequenz ziehen mußte, während die geistige ihm versagt blieb. Er ging ein (literarisch gesprochen). Er verendete (literarisch gesprochen). Er starb in irgendeiner Ecke, ohne einen Laut, und ohne daß er noch jemand gesprochen hätte. Fürs Vaterland. Aber er wollte hinaus aus dem Vaterland. Immer. Nur hinaus aus dem Vaterland. Mangel an Vaterland war direkt ein Defekt bei ihm. So war er geartet.

Ich sehe ihn vor mir, unbändig lachend. »Menschenskind, eine Totenrede?« Schon klemmt er das Monokel ins Auge, gibt seinem Körper einen Ruck und sistiert die Vorstellung. Oder auf der Straße: Er trägt einen blauen Mantel, geht mit verkniffenen, breitgeschwungenen Augenbrauen nach dem Tempo einer Automobilhupe und spuckt. »Alter Bulle«, sage ich zu ihm, »wir werden noch manchen Kampf miteinander zu kämpfen haben.« »Woll, woll«, sagt er, im raschen Gehen auf der Straße, während der Mantel fliegt.

Widersprechen Sie nicht! Kaufen Sie seine nachgelassenen Glossen und Gedichte, die ich herausgeben werde. Er ist hin. Es muß ihm sehr schwer gefallen sein, wie ich ihn kenne. Aber es ist nichts zu machen. Gedenken Sie seiner! Haben Sie Mitleid! Seien Sie freundlich! Sie alle haben seinen Tod mitverschuldet. Alle, wie Sie auch hier unten sitzen. Möge Ihnen sein Name einfallen, wenn Sie Ihre Kinder säugen!

Ich habe dem nichts hinzuzufügen.

Zürich

Man lebt in Zürich: Ländlich unter Morphinisten. Viele Franzosen gibt es. Die Soldaten mit ihren schwarzen Tschakkos, schwarzer Uniform und roten Achselaufschlägen erinnern an deutsche Feuerwehr. Die elektrischen Wagen sind blau wie in München. Am Stadthauskai ragen drei große Uhrtürme mit goldenen Zifferblättern. Brückenköpfe breit zwischen italienisch gegiebelten Häuserstaffagen. Singende Aale und Wasserratten von der Limmat her. Dahinter der See: Ein blaugrauer Sack.

Auf der Straße begibt sich: Die larmoyante Musik der Heilsarmee. Vor der Studenten-Wirtschaft »Zur Bollerei« auf grobpflastrigem Platz stehen im Kreis fünf Männer mit Blasinstrumenten. Hüte, Bagage und Instrumentenkästen liegen geschichtet inmitten des Kreises auf einem Haufen. Frauen mit seltsamen Hüten und Brillen (aus Bildern des Quentin Massys) singen eine erbarmenswürdige Melodie vom gekreuzigten Heiland. Auf dem Balkon der »Bollerei« die Studenten: in langer Reihe mit eckigen Köpfen und Quastenpfeifen.

Oder es findet, unter freiem Himmel, eine Versammlung statt, auf dem Münsterplatz. »Gegen den Hunger.« »Schweizerarbeiter, wach auf, bevor es zu spät ist! Nieder mit der Heuchelei des Burgfriedens! Es lebe der Klassenkampf!« Mit Trompetenstoß wird die Versammlung eröffnet. Auf einem Karren stehen die Redner. In kleinen Trupps, die Internationale singend, zerstreut sich die Schar der Protestler unterm Gewitterregen.

Zürich ist die Stadt der Gesangvereine. Vierstimmig, schippelig. »Alles wird sich schon gestalten. Frühling wird es sicherlich.« Gesellenhäuser heißen hier »Zur Käshütte«, »Blaue Fahne«, »Zur Zimmerleuten«. Auch wird viel trompetet, aus sechsten Stockwerken heraus. Man tut etwas für die Lunge. Im Park, auf den Terrassen der großen Hotels, an Kiosken und in den Separès der Kabarette: man spricht viel Französisch, von Genf her. Scheintot ist man versucht die Stadt zu nennen trotz Sonne und Grobheit nach drei Tagen Aufenthalt. Niemand führt Buch über Verbleib und Schattierung geflüchteter Krimineller.

Cabaret Bonbonnière liegt im Mittelpunkte der Stadt, nahe dem Hauptbahnhof. Café des Banques hat eine saftige Kapelle. Die Primgeige stammt aus Moabit, das Cello aus Lyon. Der Flügelmann ist Mexikaner. Im Kabarett tritt auf: Emmy Hennings: Grüne Joppe, schwarze Satinhosen, blonder Schopf.

Das Kabarett ist ein hübscher Raum, sehr besucht. Violette und lila Ampeln in Pagodenform. Höllenrote, entzückende kleine Bühne. Italiener und Franzosen schmunzeln beim Vortrag der »Beenekens«. (Sie sehen, Romain Rolland, es bedarf nicht des esprit religieux der Madame Dr. Elisabeth Rotten noch des Appel humain samaritanisch geneigter Episkopaten.)

Die Zeit ist vorsichtig und langsam. Am Predigerplatz, im kleinen Restaurant »Zum weißen Schwänli«, geschähe auch Ihnen Genugtuung, lieber R. H. Ich folge freundlicher Einladung eines Arztes. Und finde ein stilles, entferntes Kolleg von viermal sechs freien »Genossen« (oft sind es mehr, oft weniger). Sie tagen einmal die Woche, jeden Montag. Jemand verliest eine Disposition der »Kampfesmittel des Arbeitgebers«. Monsieur le directeur Dr. B. führt den Discurs, sachte und einfach, sicher und prinzipiell. Zugegen sind Organisierte und Nichtorganisierte, Propagandisten der Tat und Sozialdemokraten, ein Kondukteur, ein Metallarbeiter, die russische Revolutionärin und der sehr französisch orientierte Redakteur des »Revoluzzer« (eines Blattes, das, nur in der Schweiz, mit sehr direktindirekten Mitteln den italienischen Arbeitern Verweigerung der Militärpflicht nahelegte). »Sagen Sie uns, Genosse H., – Sie haben da Sondererfahrung – was wissen Sie uns von Tarifverträgen?« (folgt Bericht). »Schön. Aber Sie setzen sich da in Widerspruch zu Genosse W. Genosse W. erzählte uns, daß er nur unkündbare Tarifverträge kennt, und daß das Interesse des Arbeitgebers nur unkündbare Tarifverträge verlangt.« (Genosse H. und W. debattieren und einigen sich). »Schön, und die Streiks? Wer erinnert sich noch des Holzarbeiterausstandes bei uns in der Schweiz? Wie war doch die Situation? ...« »Der ökonomische Streik, ganz richtig. Und außerdem?« Sympathiestreiks. »Was kommt wohl in solchen Sympathiestreiks zum Ausdruck?« Man tut sich selbst genug. »Oder? Genosse C.?« Man befriedigt ein seelisches Bedürfnis. »Oder?« Man hat Gefallen an sich selbst. »Gut, das ist es. Es gibt in der Arbeiterschaft Vorgänge von nicht nur materieller Bedeutung. Es gibt auch – man könnte fast sagen – ästhetische Streiks.« Gegen 10 Uhr ist die Disposition komplett. Eine neue Disposition wird einem der Genossen übertragen. Die Versammlung zerstreut sich.

Sehen Sie, lieber R. H., so kultiviert man hier in der Arbeiterschaft und unter Gebildeten: ganz ohne Lärm, ganz ohne Aufsehen. Der deutsche Literat, den ein Zufall in die Versammlung verschlägt, ganz ohne Kontakt, ganz voller Abneigung kommunistischen Dingen gegenüber, ist tief erstaunt und beschämt und dankt einem Kreise von Menschen, in dem sich Gelassenheit und Erfahrung das Rüstzeug schaffen für den sozialen Kampf der Zukunft.

Die junge Literatur in Deutschland

Der Kampf, den die junge Literatur in Deutschland heute zu führen hat, geht um die Bildung einer oppositionellen Partei. Opposition gegen die hier wie in keinem Lande allmächtige Bourgeoisie; Opposition gegen den krassen Materialismus in Leben, Kunst, Politik, Presse; Opposition gegen die offizielle Oppositionspartei (die Sozialdemokratie): das sind die Aufgaben, die sich die junge Literatur von heute mehr und mehr zu Bewußtsein bringt.

Die Situation ist schwierig. Zunächst: Es fehlt jede Tradition. Dreierlei hat man in Deutschland noch nicht genügend begriffen: Erstens, daß die verantwortlichen Denker der letzten fünf Jahrzehnte, Bakunin und Nietzsche, den Deutschen als Typus ablehnten. Daß man sich also in einem Lande befindet, das vor Europa und vor aller Intellektualität (Radikalität) kompromittiert ist. Zweitens, daß man in Dingen politischer Intelligenz seit den Dekabristen (1825) von Rußland zu lernen hat statt von Frankreich. Drittens, daß es in Deutschland trotz hunderttausend Büchern, Zeitschriften und Bibliotheken so etwas wie ein öffentliches geistiges Leben, das heißt unmittelbare Ausprägung dessen, was man denkt und fühlt (auf dem Podium, in der Versammlung, in der Tagespresse) noch nicht gibt.

Wenn man den Deutschen vorwirft, daß sie ihren Nietzsche (und dessen vielgliedrige Kritik der Moral, der Philosophie, der Religion, des Idealismus) nicht verstanden haben, so zitieren sie den »Zarathustra« (das nutzloseste Buch, das einer geschrieben hat) und den »Willen zur Macht«, statt »Ecce-homo«, »Morgenröte« und den »Fall Wagner« (sie zitieren immer, was ihnen gerade in den Kram paßt). Wenn man sie nach Bakunin frägt, so wissen sie, daß bei Cotta in Stuttgart der Briefwechsel mit Herzen und Ogarjeff erschienen ist. Das pamphletisch-antigermanische »l'empire knoutogermanique« ist noch in keiner, selbst der schlechtesten Übersetzung zu erhalten; die Biographie Nettlaus nur in einem Abriß.

Die Bücherei »Vorwärts« ihrerseits (marxistisch wie sie ist) tut alles, um die bakunistische Theorie, und was schlimmer ist: die bakunistische Praxis, ad absurdum zu führen. Eine Sozialrevolutionäre Partei aber gibt es heute in Deutschland nicht. Revolutionäre Propaganda in Deutschland ist ein Unding. Vor allem fehlt es an einem radikal kultivierenden Verlag. Es gibt keinen Verlag in Deutschland, der nur oppositionelle Literatur aufnimmt. Oppositionelle Blätter wie die »Aktion« (Herausgeber Franz Pfemfert, Wilmersdorf, Nassauische Str. 17), das Organ der Jüngsten, Stärksten, Kritischsten, behaupten sich mit Mühe und unter nahezu vollkommener Ignoranz.

Damit im Zusammenhang steht die Richtung auf das Ästhetisierende, Formale, Dekorative, von der die jüngste Literatur noch immer beherrscht ist: Sympathie und Tendenz mit und nach Frankreich. Radikale politische Lektüre muß sich der junge Deutsche mühsam zusammensuchen aus polemischen Schriften der ›Vorwärts‹-Offizin! Eigene radikale Bücher schreibt der junge Deutsche nicht, einmal, weil er keine Muster hat, kein eigentlich öffentliches Leben von Bedeutung und Widerspruch vorfindet; sodann, weil er auch keinen Verleger fände, der sich seiner Produktion annähme, und dieser Verleger wiederum kein Publikum (kurz, weil jede Voraussetzung fehlt). So neigt der junge Literat zu Frankreich; das, müde der großen Vergangenheit, mehr und mehr die Tradition von 1789 verliert; zu einem Frankreich, als dessen oppositionellen Extrakt der Verlag Diederichs in Jena die im besten Falle antiprussianische »Armee francaise« des Jaurès anbietet; zu Frankreich, dessen ästhetische Kultur ihm die notwendigere politische ersetzen muß.

Der Gewinn ist eine ästhetisch-antibourgeoise, von Flaubert her orientierte Gesinnung. Das Resultat: etwa Heinrich Manns undeutsche Romane oder die Komödien Carl Sternheims (»Die Hose«, »Bürger Schippel«, »Snob«, »1913«), entzückend geschliffene, kristallklare Komödien »aus dem bürgerlichen Heldenleben« mit viel begeistertem Spott gegen den verschollenen deutschen Raubritterheroismus, gegen veilchenblaues Banausentum. Komödien, von denen sich indessen schon das großbürgerlich-»weltpolitische« Berliner Tageblatt nicht mehr getroffen fühlt.

Drittens: hat es bis jetzt für die junge deutsche Literatur so etwas wie ein öffentliches Leben noch nicht gegeben. Es sind noch keine 10 Jahre her, daß in Berlin eine gewisse Propaganda des öffentlichen Ausdrucks einsetzte (unterm Einfluß nihilistisch erzogener russischer Frauen). Man wurde, mehr und mehr, der Meinung, es komme alles darauf an, nicht nur zu denken und zu fühlen. Wichtiger als »Literatur« sei das Eingreifen, das Sich-Beteiligen an der Öffentlichkeit. Wichtiger als Verse, Aufsätze, Dramen irgendwelcher Art sei das Ausprägen etwelcher *Gedanken* coram publico, sei es im Vortragssaal, mit der Reitpeitsche oder in der Debatte. Man dachte an Manifeste, wo man früher Gedichtbände und Romane veröffentlichte. Man veranstaltete jetzt Abende auf eigene Faust unter Umgehung der Zeitschriften. Man trieb Polemik, Propaganda und schrieb (dies alles erst in den letzten Jahren) »Aufrufe an die Partei des deutschen Geistes«. Eine neue Art von Publizistik, sehr fanatisch und direkt, schien sich vorzubereiten. Leider noch außer Kontakt mit der proletarisch-ökonomischen Situation, aber doch tastend danach. Bezeichnend scheint mir die Tatsache zu sein, daß nach Ausbruch des Kriegs die ihrer Herkunft nach bürgerliche Intelligenz dringenden Anschluß suchte bei Gustav Landauer, dessen müde gewordener, degoutierter Kämpfernatur es nach persönlichen Erfahrungen des Unterzeichneten nur an Blick für die in ihren Überzeugungen irre gewordenen bürgerlichen Elemente fehlte. Bezeichnend scheint mir auch, daß die junge bürgerliche Intelligenz es war, von der im Februar dieses Jahres, als das Fortbestehen der Berliner »Freien Volksbühne« in Frage stand, ein Aufruf für Erhaltung des proletarischen Gründungsgedankens dieses Theaters ausging. Der Krieg hat eine Annäherung der intellektuellen Elemente zu den proletarischen eingeleitet. Die Gemeinsamkeit liegt in der Opposition gegen den Krieg, gegen den Patriotismus. Der Krieg hat darüber hinaus aber auch die ökonomische Deklassierung der Intelligenz angebahnt, eine Tatsache, von der noch manches zu erwarten ist. Der junge Literat bürgerlicher Herkunft findet heute keinen Boden und kein Publikum mehr. Irgendwie empfindet er in Lebensfragen realer, radikaler als je. Irgendwie gerät er dadurch mit der Kriminalität in Konflikt. Irgendwie fühlt er sich ohne Schutz und Subsistenz. Er vertreibt sich die Zeit mit Psychoanalyse und neigt zur Hochstapelei. Er stänkert in 20 Berufen und zieht sich zurück, um überhaupt zu verzichten.

Wie die Dinge heute liegen, ist nur zu wünschen, daß die Situation sich noch verschlimmert. Denn nur so kann in Deutschland die Verbindung zwischen Proletariat und Intelligenz zustande kommen, die fehlt und nottut, wenn auf der einen Seite nicht lächerlichste Anmaßung, auf der andern ein geistig unzulängliches Führertum die Folge sein soll.

Als ich das Cabaret Voltaire gründete ...

Als ich das Cabaret Voltaire gründete, war ich der Meinung, es möchten sich in der Schweiz einige junge Leute finden, denen gleich mir daran gelegen wäre, ihre Unabhängigkeit nicht nur zu genießen, sondern auch zu dokumentieren. Ich ging zu Herrn Ephraim, dem Besitzer der ›Meierei‹, und sagte: ›Bitte, Herr Ephraim, geben Sie mir Ihren Saal. Ich möchte ein Cabaret machen.‹ Herr Ephraim war einverstanden und gab mir den Saal. Und ich ging zu einigen Bekannten und bat sie:›Bitte geben Sie mir ein Bild, eine Zeichnung, eine Gravüre. Ich möchte eine kleine Ausstellung mit meinem Cabaret verbinden.‹ Ging zu der freundlichen Züricher Presse und bat sie: ›Bringen Sie einige Notizen. Es soll ein internationales Cabaret werden. Wir wollen schöne Dinge machen.‹ Und man gab mir Bilder und brachte meine Notizen. Da hatten wir am 5 Februar ein Cabaret. Mde. Hennings und Mde. Leconte sangen französische und dänische Chansons. Herr Tristan Tzara rezitierte rumänische Verse. Ein Balaikida-Orchester spielte entzückende russische Volkslieder und Tänze.

Viel Unterstützung und Sympathie fand ich bei Herrn M. Slodki, der das Plakat des Cabarets entwarf, bei Herrn Hans Arp, der mir neben eigenen Arbeiten einige Picassos zur Verfügung stellte und mir Bilder seiner Freunde 0. van Rees und Artur Segall vermittelte. Viel Unterstützung bei den Herren Tristan Tzara, Marcel Janco und Max Oppenheimer, die sich gerne bereit erklärten, im Cabaret auch aufzutreten. Wir veranstalteten eine RUSSISCHE und bald darauf eine FRANZÖSISCHE Soirèe (aus Werken von Apollinaire, Max Jacob, Andrè Salmon, A. Jarry, Laforgue und Rimbaud). Am 26. Februar kam Richard Huelsenbeck aus Berlin, und am 30. März führten wir eine wundervolle Negermusik auf (toujours avec la grosse caisse: boum boum boum boum – drabatja mo gere drabatja mo bonoooooooooooo–). Monsieur Laban assistierte der Vorstellung und war begeistert. Und durch die Initiative des Herrn Tristan Tzara führten die Herren Tzara, Huelsenbeck und Janco (zum ersten Mal in Zürich und in der ganzen Welt) simultanistische Verse der Herren Henri Barzun und Fernand Divoire auf, sowie ein Poème simultan eigener Composition, das auf der sechsten und siebenten Seite abgedruckt ist. Das kleine Heft, das wir heute herausgeben, verdanken wir unserer Initiative und der Beihilfe unserer Freunde in Frankreich, ITALIEN und Rußland. Es soll die Aktivität und die Interessen des Cabarets bezeichnen, dessen ganze Absicht darauf gerichtet ist, über den Krieg und die Vaterländer hinweg an die wenigen Unabhängigen zu erinnern, die anderen Idealen leben. Das nächste Ziel der hier vereinigten Künstler ist die Herausgabe einer Revue Internationale. La revue paraîtra à Zurich et portera le nom ›DADA‹. (›Dada‹) Dada Dada Dada Dada.

Das erste dadaistische Manifest

Dada ist eine neue Kunstrichtung. Das kann man daran erkennen, daß bisher niemand etwas davon wußte und morgen ganz Zürich davon reden wird. Dada stammt aus dem Lexikon. Es ist furchtbar einfach. Im Französischen bedeutet's Steckenpferd. Im Deutschen heißt's Addio, steigts mir den Rücken runter. Auf Wiedersehen ein andermal! Im Rumänischen: »Ja wahrhaftig, Sie haben recht, so ist's. Jawohl, wirklich, machen wir.« Und so weiter.

Ein internationales Wort. Nur ein Wort und das Wort als Bewegung. Sehr leicht zu verstehen. Es ist ganz furchtbar einfach. Wenn man eine Kunstrichtung daraus macht, muß das bedeuten, man will Komplikationen wegnehmen. Dada Psychologie, Dada Deutschland samt Indigestionen und Nebelkrämpfen, Dada Literatur, Dada Bourgeoisie, und ihr, verehrteste Dichter, die ihr immer mit Worten, aber nie das Wort selber gedichtet habt, die ihr um den nackten Punkt herumdichtet. Dada Weltkrieg und kein Ende, Dada Revolution und kein Anfang, Dada ihr Freunde und Auchdichter, allerwerteste, Manufakturisten und Evangelisten Dada Tzara, Dada Huelsenbeck, Dada m'dada, Dada m'dada Dada mhm, dada dera dada Dada Hue, Dada Tza.

Wie erlangt man die ewige Seligkeit? Indem man Dada sagt. Wie wird man berühmt? Indem man Dada sagt. Mit edlem Gestus und mit feinem Anstand. Bis zum Irrsinn. Bis zur Bewußtlosigkeit. Wie kann man alles Journalige, Aalige, alles Nette und Adrette, Bornierte, Vermoralisierte, Europäisierte, Enervierte, abtun? Indem man Dada sagt. Dada ist die Weltseele, Dada ist der Clou. Dada ist die beste Lilienmilchseife der Welt. Dada Herr Rubiner, Dada Herr Korrodi. Dada Herr Anastasius Lilienstein.

Das heißt auf Deutsch: Die Gastfreundschaft der Schweiz ist über alles zu schätzen. Und im Ästhetischen kommt es auf die Qualität an.

Ich lese Verse, die nichts weniger vorhaben als: auf die konventionelle Sprache zu verzichten, ad acta zu legen. Dada Johann Fuchsgang Goethe. Dada Stendhal. Dada Dalai Lama, Buddha, Bibel und Nietzsche. Dada m'dada. Dada mhm dada da. Auf die Verbindung kommt es an, und daß sie vorher ein bißchen unterbrochen wird. Ich will keine Worte, die andere erfunden haben. Alle Worte haben andre erfunden. Ich will meinen eigenen Unfug, meinen eigenen Rhythmus und Vokale und Konsonanten dazu, die ihm entsprechen, die von mir selbst sind. Wenn diese Schwingung sieben Ellen lang ist, will ich füglich Worte dazu, die sieben Ellen lang sind. Die Worte des Herrn Schulze haben nur zweieinhalb Zentimeter.

Da kann man nun so recht sehen, wie die artikulierte Sprache entsteht. Ich lasse die Vokale kobolzen. Ich lasse die Laute ganz einfach fallen, etwa wie eine Katze miaut... Worte tauchen auf, Schultern von Worten, Beine, Arme, Hände von Worten. Au, oi, uh. Man soll nicht zu viel Worte aufkommen lassen. Ein Vers ist die Gelegenheit, allen Schmutz abzutun. Ich wollte die Sprache hier selber fallen lassen. Diese vermaledeite Sprache, an der

Schmutz klebt, wie von Maklerhänden, die die Münzen abgegriffen haben. Das Wort will ich haben, wo es aufhört und wo es anfängt. Dada ist das Herz der Worte.

Jede Sache hat ihr Wort, aber das Wort ist eine Sache für sich geworden. Warum soll ich es nicht finden? Warum kann der Baum nicht »Pluplusch« heißen? und »Pluplubasch«, wenn es geregnet hat? Das Wort, das Wort, das Wort außerhalb eurer Sphäre, eurer Stickluft, dieser lächerlichen Impotenz, eurer stupenden Selbstzufriedenheit, außerhalb dieser Nachrednerschaft, eurer offensichtlichen Beschränktheit. Das Wort, meine Herren, das Wort ist eine öffentliche Angelegenheit ersten Ranges.

Kandinsky

Vortrag, gehalten in der Galerie Dada

I. Die Zeit

Drei Dinge sind es, die die Kunst unserer Tage bis ins Tiefste erschütterten, ihr ein neues Gesicht verliehen und sie vor einen gewaltigen neuen Aufschwung stellten: Die von der kritischen Philosophie vollzogene Entgötterung der Welt, die Auflösung des Atoms in der Wissenschaft und die Massenschichtung der Bevölkerung im heutigen Europa.

Gott ist tot. Eine Welt brach zusammen. Ich bin Dynamit. Die Weltgeschichte bricht in zwei Teile. Es gibt eine Zeit vor mir. Und eine Zeit nach mir. Religion, Wissenschaft, Moral – Phänomene, die aus Angstzuständen primitiver Völker entstanden sind. Eine Zeit bricht zusammen. Eine tausendjährige Kultur bricht zusammen. Es gibt keine Pfeiler und Stützen, keine Fundamente mehr, die nicht zersprengt worden wären. Kirchen sind Luftschlösser geworden. Überzeugungen, Vorurteile. Es gibt keine Perspektive mehr in der moralischen Welt. Oben ist unten, unten ist oben. Umwertung aller Werte fand statt. Das Christentum bekam einen Stoß. Die Prinzipien der Logik, des Zentrums, Einheit und Vernunft wurden als Postulate einer herrschsüchtigen Theologie durchschaut. Der Sinn der Welt schwand. Die Zweckmäßigkeit der Welt in Hinsicht auf ein sie zusammenhaltendes höchstes Wesen schwand. Chaos brach hervor. Tumult brach hervor. Die Welt zeigte sich als ein blindes Über- und Gegeneinander entfesselter Kräfte. Der Mensch verlor sein himmlisches Gesicht, wurde Materie, Zufall, Konglomerat, Tier, Wahnsinnsprodukt abrupt und unzulänglich zuckender Gedanken. Der Mensch verlor seine Sonderstellung, die ihm die Vernunft gewahrt hatte. Er wurde Partikel der Natur, vorurteilslos gesehen ein Wesen froschoder storchenähnlich, mit disproportionierten Gliedern, einem vom Gesicht abstehenden Zacken, der sich Nase nennt, abstehenden Zipfeln, die man gewohnt war »Ohren« zu nennen. Der Mensch, der göttlichen Illusion entkleidet, wurde gewöhnlich, nicht interessanter als ein Stein es ist, von demselben Gesetze aufgebaut und beherrscht, er verschwand in der Natur, man hatte alle Veranlassung, ihn nicht zu genau zu besehen, wenn man nicht voller Entsetzen und Abscheu den letzten Rest von Achtung vor diesem Jammer-Abbild des gestorbenen Schöpfers verlieren wollte. Eine Revolution gegen Gott und seine Kreaturen fand statt. Das Resultat war eine Anarchie der befreiten Dämonen und Naturmächte. Die Titanen standen auf und zerbrachen die Himmelsburgen.

Aber man zerbrach nicht nur die Mauern, man zerrieb, zerlegte, zertrat noch die Sandkörner. Es blieb nicht nur kein Stein auf dem andern, es blieb auch nicht einmal kein Körnchen, kein Atom beim andern. Das Feste zerrann. Stein, Holz, Metall zerrannen. Das Große wurde klein und das Kleine wuchs riesenhaft. Die Welt wurde monströs, unheimlich, das Vernunfts- und Konventionsverhältnis, der Maßstab schwand.

Die Elektronenlehre brachte ein seltsames Vibrieren in alle Flächen, Linien, Formen. Die Gegenstände änderten ihre Gestalt, ihr Gewicht, ihr Gegen- und Übereinander. Wie auf philosophischem Gebiete die Geister, so wurden auf physikalischem Gebiete die Körper von Illusion erlöst. Die Dimensionen wuchsen, die Grenzen fielen. Letzte beherrschende Prinzipien gegenüber der Willkür der Natur blieben der individuelle Geschmack, Takt und Logos des Individuums. Inmitten von Finsternis, Angst, Sinnlosigkeit hob eine neue Welt voll Ahnungen, Fragen, Deutungen schüchtern ihr riesenhaftes Haupt.

Und als ein weiteres Element traf zerstörend, bedrohend, mit dem verzweifelten Suchen nach einer Neuordnung der in Trümmer gegangenen Welt zusammen: die Massenkultur der modernen Großstadt. Das individuelle Leben starb, die Melodie starb. Der einzelne Eindruck besagte nichts mehr. Komplektisch drängten die Gedanken und Wahrnehmungen auf die Gehirne ein, symphonisch die Gefühle. Maschinen entstanden und traten anstelle der Individuen. Komplexe und Wesen entstanden von übermenschlicher, überindividueller Furchtbarkeit. Angst wurde ein Wesen mit Millionen Köpfen. Kraft wurde nicht mehr nach dem einzelnen Menschen, sondern nach zehntausenden Pferdekräften gemessen. Turbinen, Kesselhäuser, Eisenhämmer, Elektrizität ließen Kraftfelder und Geister entstehen, die ganze Städte und Länder in ihrer furchtbaren Gewalt hatten; neue Schlachten, Untergänge und Himmelfahrten, neue Feste, Himmel und Höllen. Eine Welt abstrakter Dämonen verschlang die Einzeläußerung, verzehrte die individuellen Gesichter in turmhohen Masken, verschlang den Privatausdruck, raubte den Namen der Einzeldinge, zerstörte das Ich und schwenkte Meere von ineinandergestürzten Gefühlen gegeneinander. Psychologie wurde Klatsch. Komplexe zeterten. Metaphysik donnerte, bebte, unterminierte. Zärteste Vibrationen und unerhörteste Massen-Monstra zeichneten sich auf den Horizonten, vermengten, zerschnitten, durchdrangen einander.

II. Der Stil

Die Künstler in dieser Zeit sind nach innen gerichtet. Ihr Leben ist ein Kampf mit dem Irrsinn. Sie sind zerrissen, zerstückt, zerhackt, falls es ihnen nicht glückt, für einen Moment in ihrem Werke das Gleichgewicht, die Balance, die Notwendigkeit und Harmonie zu finden. Die Künstler in dieser Zeit schmücken nicht Jagdzimmer aus wie in der Renaissance. Sie erzählen nicht Märchen wie im Rokoko, es fehlt ihnen sogar der Anlaß zur Vergöttlichung, wie die Gotik und die frühe Renaissance ihn fanden. Die stärkste Verwandtschaft haben ihre Werke noch mit den Angstmasken der primitiven Urvölker, den Pest- und Schreckensmasken der Peruaner, Australier und Neger. Die Künstler in dieser Zeit sind der Welt gegenüber Asketen ihrer Geistigkeit. Sie führen ein tief verschollenes Dasein. Sie sind Vorläufer, Propheten einer neuen Zeit. Ihre Werke tönen in einer nur erst ihnen bekannten Sprache. Sie stehen im Gegensatz zur Gesellschaft wie die Ketzer des Mittelalters. Ihre Werke philosophieren, politisieren, prophezeien zugleich. Sie sind Vorläufer einer ganzen Epoche, einer neuen Gesamtkultur. Man versteht sie schwer und nur dann, wenn man die innere Basis ändert, wenn man bereit ist, zu brechen mit der Tradition eines Jahrtausends. Man versteht sie nicht, wenn man an Gott glaubt statt an das Chaos. Die Künstler in dieser Zeit wenden sich gegen sich selbst und gegen die Kunst. Auch die letzte, bisher unerschüttertste Basis wird ihnen Problem. Wie können sie noch nützlich sein, oder versöhnlich, oder beschreibend oder entgegenkommend? Sie lösen sich ab von der Erscheinungswelt, in der sie nur Zufall, Unordnung, Disharmonie wahrnehmen. Sie verzichten freiwillig auf die Darstellung von Naturalien, die ihnen von allem Verzerrten das Verzerrteste scheinen. Sie suchen das Wesentliche, Geistige, noch nicht Profanierte, den Hintergrund der Erscheinungswelt, um dies, ihr neues Thema, in klaren, unmißverständlichen Formen, Flächen und Gewichten abzuwägen, zu ordnen, zu harmonisieren. Sie werden Schöpfer neuer Naturwesen, die kein Gleichnis haben in der bekannten Welt. Sie schaffen Bilder, die keine Naturnachahmung mehr sind, sondern eine Vermehrung der Natur um neue, bisher unbekannte Erscheinungsformen und Geheimnisse. Das ist der sieghafte Jubel dieser Künstler, Existenzen zu schaffen, die man Bilder nennt, die aber neben einer Rose, einem Menschen, einem Abendrot, einem Kristall gleichwertigen Bestand haben.

Das Geheimnis der Kubisten ist der Versuch, die Konvention der Leinwandfläche zu brechen, sie setzten auf die Leinwandfläche eine und mehrere imaginäre Flächen, die sie als Basis nahmen. Das ganze Geheimnis Kandinskys ist, daß er als der Erste und radikaler als die Kubisten alles Gegenständliche als unrein ablehnte und auf die wahre Form, den Klang der Dinge, ihre Essenz, ihre Wesenskurve zurückging. In Picasso, dem Faun, und in Kandinsky, dem Mönch, hat unsere Zeit ihre stärksten künstlerischen Nenner gefunden. Bei Picasso die Finsternis, das Grauen und die Qual der Zeit, ihre Askese, ihre infernalische Fratze, ihr tiefes Leiden, ihr Stöhnen und Grollen, ihre Hölle und namenlose Trauer, ihr Leichengesicht und den schwarzen Schmerz. Bei Kandinsky ihr Jubel, ihr Festtaumel, ihr Himmelssturm, ihre Erzengelfuge, ihre bunten Donquichoterien, ihre blauroten Marseillaisen, ihr Untergang gesegnet, ihr Aufschwung ein Cherubinenflug von gelb-blauen Fanfaren ins Unendliche gerufen.

III. Die Persönlichkeit

Kandinsky ist Befreiung, Trost, Erlösung und Beruhigung. Man sollte wallfahren zu seinen Bildern: sie sind ein Ausweg aus den Wirren, den Niederlagen und Verzweiflungen der Zeit. Sie sind Befreiung aus einem zusammenbrechenden Jahrtausend. Kandinsky ist einer der ganz großen

Erneuerer, Läuterer des Lebens. Die Vitalität seiner Intention ist verblüffend und ebenso unerhört wie die Rembrandts es war für seine Zeit, wie die Vitalität Wagners es war, ein Menschenalter vor uns. Seine Vitalität erfaßt gleicherweise die Musik, den Tanz, das Drama und die Poesie. Seine Bedeutung beruht in einer gleichzeitig praktischen und theoretischen Initiative. Er ist der Kritiker seines Werkes und seiner Epoche. Er ist der Dichter unerreichter Verse, Schöpfer eines neuen Theaterstils, Verfasser einiger der spirituellsten Bücher, die die neue deutsche Literatur aufzuweisen hat. Nur ein Zufall, der Ausbruch des Krieges verhinderte, daß wir von ihm ein Buch über das Theater besitzen, im Format und von der Bedeutung des »Blauen Reiter«. Derselbe Zufall verhinderte die von ihm geplante Begründung einer internationalen Gesellschaft für Kunst, als man nach Mitteln zur Verwirklichung seiner Bühnenkompositionen suchte. Das Zustandekommen dieser Gesellschaft würde unabsehbare Resultate für die Revolutionierung des Theaters mit sich gebracht haben.

Kandinsky ist Russe. Die Idee der Freiheit ist bei ihm sehr ausgeprägt, auf das Gebiet der Kunst übertragen. Was er über Anarchie sagt, erinnert an Sätze von Bakunin und Krapotkin. Nur daß er den Freiheitsbegriff ganz spirituell auf die Ästhetik anwendet. Im »Blauen Reiter« über die Formfrage schreibt er: »Anarchie nennen viele den gegenwärtigen Zustand der Malerei. Dasselbe Wort wird schon hier und da auch bei der Bezeichnung des gegenwärtigen Zustands in der Musik gebraucht. Darunter versteht man fälschlich ein planloses Umwerfen und Unordnung. Die Anarchie ist aber Planmäßigkeit und Ordnung, welche nicht durch eine äußere und schließlich versagende Gewalt hergestellt, sondern durch das Gefühl des Guten geschaffen werden.« Dieses »Gefühl des Guten« oder die »innere Notwendigkeit« ist das einzige und letzte Schaffensprinzip, das er anerkennt. Die »innere Notwendigkeit« allein gibt der freien Intuition Grenzen, die innere Notwendigkeit bildet die äußere, sichtbare Form des Werkes. Die innere Notwendigkeit ist es, auf die alles zuletzt ankommt, sie verteilt die Farben, Formen und Gewichte, sie trägt die Verantwortung auch für das gewagteste Experiment. Sie allein ist die Antwort auf die Frage nach dem Sinn und Urgrund der Bilder. In ihr dokumentieren sich die drei Elemente, aus denen das Kunstwerk besteht: Zeit, Persönlichkeit und Kunstprinzip. Sie bildet den Hauptklang, von dem die Nebenklänge sich abheben. Sie ist das letzte Tor, das der anstürmende Künstler nicht mehr zu zerbrechen fähig ist. Und selbst von ihr, der Form seiner Werke, sagt Kandinsky: »Der Geist schafft eine Form und geht zu weiteren Formen über« und ein andermal: »Nicht der neue Wert ist das wichtigste, sondern der Geist, welcher sich in diesem Werke offenbart hat. Und weiter die für die Offenbarungen notwendige Freiheit.« So wird ihm jedes Werk »Kind seiner Zeit und Mutter der Zukunft.« Indem er den Klang, die Essenz eines Dinges bis ins Innerste verfolgt, läßt er ihm zugleich den weitesten Spielraum.

Kandinsky beweist seine Nation nicht nur in der Form, sondern auch in der Farbe. Das bunte Rußland ist in seinen Werken wie bei keinem sonst.

Die weite Schneefläche, darüber das Abend- oder Morgenrot, die Himbeer-farbe der Troika-Glöckchen, die bunten Glasmalereien der Bauernstuben, die Farben, von Bauernfesten und die blauen Muttergottesmäntel, eisige Klarheit und Luzidität, daneben das Schummern der Farben, wie sie in Nordlichtern stehen, starkes Grün, Weiß, Zinnober, wenn man sich die Bilder Kandinskys verkleinert denkt im Format, gesammelt in Duodezfor-mat, findet man die Farben und die Intensität glasgemalter Heiligenbilder. Und wenn man Rußland einmal gefunden hat in seinen Bildern, dann findet man Formen von Ziehbrunnen, Kompositionsformen, die an einen auf beiden Schultern beladenen Wasserträger erinnern (wie im »Bild mit rotem Fleck«). Dann findet man Steppenreiter, Hufschläge, Litaneien und Oster-feste, deren Reminiszenzen selbst die vergeistigste Kunst nicht ganz zu lö-schen vermochte. Dann findet man das rührend einfache, christlich-reine, unberührte, stille und märchenhaft atmende Rußland, das wie ein aufwa-chender Morgen groß und gewaltig am Himmel entbrennt. Dann findet man in Kandinsky einen Herold der Freiheit seines großen, an Japan und Grönland grenzenden Volkes. Mir war immer besonders lieb das Bild Nummer 41, in dem ich gerade dieses Angrenzen, dieses Erwachen, diese Reinheit grönlandischer Polarlichter und japanischer Formfinessen in zär-tester Form vermischt und bestätigt fand. Uns Westeuropäern erscheint diese ungebrochene Farbenreinheit und Größe der Intuition als Romantik. Stand aber Rußland nicht immer romantisch zum Westen? War Dostojewski nicht der letzte große Romantiker? Ist das russische Christentum nicht das stärkste und letzte Bollwerk der Romantik im heutigen Europa? Das ist gerade sein kultureller Wert.

IV. Der Maler

In drei theoretischen Werken hat Kandinsky sich über das Wesen seiner Kunst ausgesprochen: Allgemein und im kulturellen Sinne in dem mit Franz Marc herausgegebenen »Blauen Reiter«, über die Formfrage speziell in »Das Geistige in der Kunst«, über die malerische Frage in seiner Selbstbiographie, dem im Sturm-Verlage erschienenen Kandinsky-Album.

Im »Blauen Reiter« und in »Das Geistige in der Kunst« hat Kandinsky sein Formproblem stark abgegrenzt sowohl gegen den Expressionismus, wie gegen den Kubismus und Futurismus. Expressionismus und Futurismus sind ihm Richtungen, die nur eine stärkere ideelle Verarbeitung des Sinnen-eindrucks anstreben. Das Resultat ist *hier* eine Verflachung im Äußerlichen (anstelle von Landschaften, Caféhäusern, Interieurs, die der Impressionis-mus brachte, sind Autos, Flugmaschinen, Glühbirnen etc. getreten.) *Dort* eine etwas rüde Phantastik, die den Gegenstand und seine Materialität nicht ablehnt, sondern ihn transformiert und oftmals seine Materialität noch unterstreicht. Auch im Kubismus sieht Kandinsky nur eine Übergangsform. »Der Kubismus zeigt, wie oft die naturellen Formen den konstruktiven Zwecken gewaltsam untergeordnet werden müssen und welche unnötigen

Hindernisse diese Formen in solchen Fällen bilden.« Der Kubismus, der einen Kontrapunkt der Form befürwortet, ein Dogma der einfachen geometrischen Formen (Dreieck, Kreis, Rhombus etc.), angewandt auf den Gegenstand, scheint ihm den symphonischen Reichtum der Zeit nicht umfassend genug wiederzugeben, scheint ihm an einer absichtlichen Selbstbeschränkung (Picassos Askese) zu kranken. Der klar daliegenden, oft in die Augen springenden »geometrischen Konstruktion« stellt er die an Möglichkeiten reichste, ausdrucksvollste, »versteckte« rembrandtsche freie Konstruktion gegenüber. Wenn man den Kubismus seiner schroffen, fast preußischen Zentralisation und Ordnung wegen heute in Paris eine »Boche-Kunst« schimpfen hört, so ist eines sicher, daß Kandinsky als einer der ersten sich gegen die allzu strenge Organisation des Kubismus, der moralische Werte an die Stelle von ästhetischen setzt, verwahrte. Auf das Zahlenverhältnis als Konstruktionsprinzip kommt auch Kandinsky. Aber wenn Zahlen der letzte Ausdruck ästhetischer Gesetze sind: warum muß die Zahl I heißen, nicht 0,33333; das heißt: warum die primitive Form statt der komplizierten? Schönheit ist eine Ordnung, die nicht auf den ersten und auch nicht auf den hundertsten Blick hin nachzurechnen ist. Schönheit ist ein Vielfaches der Ordnung, das nicht mehr übersehen werden kann. Der Kubismus arbeitet mit der Grammatik, Kandinsky mit der labilen, inneren Notwendigkeit. Seine Kunst zielt auf Entfesselung ab und fängt die Zeit mit all ihren Spitzen, Geheimnissen, Ausflüchten, mit all ihren Vorder- und Hintergründen, all ihrer Sophistik und all ihren harten und zärteren Gegensätzen und Widersprüchen in sich ein. Der Kubismus greift zu mit Zirkel und Winkel, er mißt, wiegt, schneidet, er ist hart und gewaltsam, unbeugsamer Richter und unbestechlicher Zeuge. Er straft und belohnt, er hat etwas von der spanischen Inquisition und der deutschen Prinzipien-Rechtwinklichkeit. Er unterdrückt das Detail, statt ihm Freiheit zu lassen. Er prussifiziert und purifiziert die Kunst. Er ist häßlich aus Prinzip, und gerade das muß für Kandinsky seine Schönheit sein. Und ist es auch.

Die Gefahren seiner eigenen Kunst sieht Kandinsky in zwei Bereichen: in der völlig abstrakten, ganz emanzipierten Anwendung der Farbe in geometrischer Form, dem Ornament, das aus nicht mehr sprechenden Allegorien und Hieroglyphen besteht, und in der Überbeseelung, dem Abgleiten der Form ins Märchenhafte, das den Beschauer starken seelischen Vibrationen entzieht, weil er, im Märchenlande nur noch das Spiel der Illusion, nicht mehr aber den Ernst empfindet. Zwischen diesen beiden Polen, deren Vermeidung an Intellekt und Intuition, an Vitalität und Begabung des abstrakten Künstlers die stärksten Anforderungen stellt, liegt Kandinskys Thema: »Kampf der Töne, das verlorene Gleichgewicht, fallende ›Prinzipien‹, unerwartete Trommelschläge, große Fragen, scheinbar zielloses Streben, scheinbar zerrissener Drang und Sehnsucht, zerschlagene Ketten und Bänder, die Mehrere zu Einem machen, Gegensätze und Widersprüche.«

Drei verschiedene Stufen von Bildausdrücken, nennt er, die zugleich drei verschieden intensiven Verarbeitungsformen der äußeren Natur gegenüber entsprechen: Impressionen, in denen ein direkter Eindruck von der äußeren Natur dargestellt wird; Improvisationen, die hauptsächlich unbewußte, plötzlich entstandene Ausdrücke inneren Charakters, Ausdrücke der inneren Natur sind; und Kompositionen, langsam und fast pedantisch nach ersten Entwürfen ausgearbeitete Symphonien innerer Farben- und Formerlebnisse.

Man sieht: das Verzichten auf das Gegenständliche ist ihm kein Dogma, sondern eine Intensitätsfrage. Mit welchem unerhörten Takt aber, mit welcher Empfindlichkeit für Gewichte und Gleichgewichte, mit welchem Equilibrierungstalent Kandinsky arbeitet, das ist die Stärke seiner Begabung. Hier ist das Gleichgewicht, die Waage das Wesen der Welt geworden. Nicht gerichtet wird, gestraft und belohnt, sondern ausgeglichen: dem Guten wird Böses gesellt, dem Bösen Gutes. Ruhe, Friede, Gleichheit besteht, Gleichheit, Freiheit, Brüderlichkeit der Formen. In erster Linie aber grandiose Freiheit. Jede Form, die hinzudrängt, hat Platz, findet ihren Platz im Kosmos. Nichts wird unterdrückt. Alles darf blühen, schweben, dasein, mit Jubel, Schrei und Trompete.

Man hat Kandinsky in seinen Akademikerjahren boshaft einen Landschaftsmaler genannt, er ist es, wenn auch nicht im landläufigen Sinne. Er hat Landschaften gemalt, aber es waren die Landschaften der geistigen Verfassung des Europas von 1913 und mehr noch des über den Absolutismus hinaus aufbrechenden Rußland. Er hat diese Landschaften der geistigen Hintergründe mit glühender Buntheit in den Himmel einer neuen Zeit gemalt.

Kandinsky hat viel nachgedacht über eine Harmonielehre der Farben, über die Moralität und die Soziologie der Farben. Seine Resultate hat er im »Geistigen in der Kunst« tabellarisch und theoretisch mitgeteilt. Er gab eine literarisch interessante Psychologie der Farben im Anschluß an Delacroix, van Gogh und Sabanejeff, den Kritiker Skrjabins, der eine Tonleiter der Farben aufzustellen versuchte. Kandinsky kennt die sanitäre, die animalische und die motorische Kraft der Farbe, er sammelt Elemente zu einem Generalbaß der Malerei, aber sein letztes Wort ist kein Farbenkatechismus, keine verbindliche Harmonielehre, sondern immer nur das freiheitliche Prinzip der inneren Notwendigkeit, die der einzige Führer und Verführer bleibt. »Die ersten Farben, die einen starken Eindruck auf mich gemacht haben, waren hell saftig grün, weiß, karminrot, schwarz und ockergelb.« Wenn man weiß, was diese Farben für ihn bedeuten: »Grün ist im Farbenreich das, was im Menschenreich die sogenannte Bourgeoisie ist, es ist ein zufriedenes unbewegliches mit sich zufriedenes, nach allen Richtungen beschränktes Element. Weiß: wie ein Symbol einer Welt, wo alle Farben, als materielle Eigenschaften und Substanzen verschwunden sind. Diese Welt ist so hoch über uns, daß wir keinen Klang von dort hören können. Es kommt ein großes Schweigen von dort, welches wie eine unübersteigliche, unzerstörbare, ins Unendliche gehende kalte Mauer uns vorkommt. Rot: das helle warme Rot erweckt das Gefühl von Kraft, Energie, Streben, Entschlossenheit, Freude, Triumph, es erinnert musikalisch an den Klang der Fanfaren wobei die Tuba mitklingt.« – So weiß man auch, daß Kandinsky, der in Farben denkt, seine spätere Welt schon in der Kindheit fand, wenn sie ihm in ihrer Besonderheit auch noch nicht zu Bewußtsein kam. Haben seine Bilder also doch einen gegenständlichen psychologischen Sinn? Kaum. Seine Farbenpsychologie beweist nur die Schärfe und Empfindlichkeit, mit der er die Farbe prüft, ist nur ein Versuch, der letzten Geheimnisse jener »Inneren Notwendigkeit« habhaft zu werden, ein Anstürmen gegen die Grenzen seiner Kunst, keineswegs aber ein Wegweiser zu einer gegenständlichen Interpretation der Bilder.

Und am Schlusse der Selbstbiographie heißt es: »Meine Mutter ist eine geborene Moskowitin und vereint in sich die Eigenschaften, die für mich Moskau verkörpern: äußere, auffallende, durch und durch ernste und strenge Schönheit, feinrassige Einfachheit, unerschöpfliche Energie, eigenartig aus starker Nervosität, imponierender majestätischer Ruhe und heldenhafter Selbstbeherrschung geflochtene Vereinbarung von Tradition mit echtem Freigeist. Moskau: Die Doppellebigkeit, die Kompliziertheit, die höchste Beweglichkeit, das Zusammenstoßen und Durcheinander in der äußeren Erscheinung, die im letzten Grunde ein eigenes, einheitliches Gesicht bildet, dieselben Eigenschaften im inneren Leben. Dieses gesamte äußere und innere Moskau halte ich für den Ursprung meiner künstlerischen Bestrebungen.« Einen Sonnenuntergang über den Kuppeln und Türmen Moskaus bezeichnet er als den stärksten Eindruck seiner Jugend. Zwei überwältigende Kunsteindrücke bewahrt er von seinen russischen Studienjahren her: Eine Lohengrin-Aufführung am Moskauer Hoftheater und Rembrandt in der St. Petersburger Eremitage. Über Lohengrin schreibt er: »Die Geigen, die tiefen Baßtöne, und ganz besonders die Blasinstrumente verkörperten damals für mich die ganze Kraft der Vorabendstunde. Ich sah alle meine Farben im Geiste. Sie standen vor meinen Augen. Wilde, fast tolle Linien zeichneten sich vor mir. Ich traute mich nicht den Ausdruck zu gebrauchen, daß Wagner musikalisch ›meine‹ Stunde gemalt hatte. Ganz klar wurde mir aber, daß die Kunst im allgemeinen viel machtvoller ist als sie mir vorkam, daß andererseits die Malerei ebensolche Kräfte wie die Musik besitzt, entwickeln könnte. Und die Unmöglichkeit, selbst diese Kräfte zu entdecken, jedenfalls zu suchen, verbitterte noch mehr meine Entsagung.« Und über Rembrandt schreibt er: »Rembrandt hat mich tief erschüttert. Die große Teilung des Hell-Dunkel, die Verschmelzung der Sekundärtöne in die großen Teile, das Zusammenschmelzen dieser Töne in diese Teile, die als ein Riesendoppelklang auf jede Entfernung wirkten und mich sofort an die Trompeten Wagners erinnerten, offenbarte mir ganz neue Möglichkeiten, übermenschliche Kräfte der Farben an sich und ganz besonders die Steigerung der Kraft durch Zusammenstellungen, d.h. Gegensätze. Später verstand ich, daß diese Teilung ein der Malerei erst fremd und nicht zugänglich erscheinendes Element auf die Leinwand hinzaubert – die Zeit.«

Mit Rembrandt und Wagner bezeichnet Kandinsky zugleich die innere Form, die Zeit und Dimension seiner Bilder. Er teilt mit ihnen das evangelisch-christliche, das parsifalische und pathetische Element. Er ist reiner als sie in der Spiritualität, geläuterter in den Komplexen, Horizonten und Instinkten. Am Urchristentum lobt er daß damals auch die Schwächsten teilnahmen am geistigen Kampf. Seine Bühnenkomposition ›der Gelbe Klang‹ klingt in ein großes aufgerichtetes Kreuz aus.

V. Die Bühnenkomposition und die Künste

Im ›Blauen Reiter‹ hat Kandinsky eine Kritik des Wagnerschen ›Gesamtkunstwerks‹ geschrieben zugunsten des Monumental-Kunstwerks der Zukunft. Seine Kritik richtet sich gegen die Veräußerlichung jeder einzelnen der von Wagner zum Gesamtkunstwerk herangezogenen Künste, die nur zur Steigerung des Ausdrucks, zur Unterstreichung und Bekräftigung des Ausdrucks, zuwider den ihnen immanenten Kunstgesetzen verwandt wurden. Kandinskys Idee einer monumentalen Bühnenkomposition geht von entgegengesetzten Voraussetzungen aus. Ihm schwebt ein Gegeneinander der einzelnen Künste, eine symphonische Komposition vor, in der die einzelnen auf ihr Wesentliches zurückgeführten Künste als Elementarformen nur die Noten abgeben zu einer Konstruktion oder Komposition auf der Bühne, die jede der einzelnen Künste als selbstständiges Darstellungsmaterial gelten läßt und aus der Mischung dieses gereinigten Materials ein neues Kunstwerk das Monumentalkunstwerk der Zukunft schafft. In zwei solchen Bühnenkompositionen, dem im ›Blauen Reiter‹ gedruckten ›Gelben Klang‹ und dem noch ungedruckten ›Violetten Vorhang‹, hat Kandinsky seine Theorie praktisch erfüllt. Vielleicht nur schematisch erfüllt. Sein in dieser Form vielleicht relatives Talent besagt nichts gegen die Genialität der ideelen Konzeption, die selbst Schriftstellern von der Abgewogenheit Ibsens, Maeterlinks, Andrejews gegenüber eine starke, umstürzende Gewalt erweisen würde, wenn man sie endlich mit Liebe einmal auf die Bühne brächte.

Die Bühnenkomposition nach Kandinsky soll bestehen aus:

1. musikalischer Ton und seine Bewegung,

2. körperlich-seelischer Klang und seine Bewegung, durch Menschen und Gegenstände ausgedrückt,

3. farbiger Ton und seine Bewegung (eine spezielle Bühnenmöglichkeit).

Was Kandinsky unter dem ersten und dritten Punkt versteht, ist nach allem Vorangegangenen klar. Über den körperlich-seelischen Klang und seine Bewegung durch den Menschen und Gegenstände, also über den Tanz (im weitesten Verstande), schreibt er: »Eine sehr einfache Bewegung, von welcher das Ziel unbekannt ist, wirkt schon an und für sich als eine bedeutende, geheimnisvolle, feierliche. Auf diesem Prinzip sollte und wird der ›neue Tanz‹ gebaut werden, der das einzige Mittel ist, die ganze Bedeutung, den ganzen inneren Sinn der Bewegung in Zeit und Raum auszunützen.

Wir stehen vor der Notwendigkeit der Bildung des neuen Tanzes, des Tanzes der Zukunft. Dasselbe Gesetz der unbedingten Ausnützung des inneren Sinnes der Bewegung, als des Hauptelementes des Tanzes, wird auch hier wirken und zum Ziele bringen. Ebenso wie in der Musik oder in der Malerei kein ›häßlicher‹ Klang und keine äußere ›Dissonanz‹ existiert, so wird bald auch im Tanze der innere Wert jeder Bewegung gefühlt und es wird die innere Schönheit die äußere ersetzen. Den unschönen Bewegungen entströmen sofort eine ungeahnte Gewalt und lebendige Kraft. Von diesem Augenblick an beginnt der Tanz der Zukunft.«

Bei Piper hat Kandinsky eine Sammlung Gedichte erscheinen lassen, die er ›Klänge‹ nennt. Als der Erste auch in der Poesie hat Kandinsky rein spirituelle Vorgänge dargestellt. Mit den einfachsten Mitteln gestaltet er in den ›Klängen‹ Bewegung, Wachstum, Farbe und Ton, etwa in ›Fagott‹. Die Negierung der Illusion geschieht hier noch durch Gegeneinanderstellen sich aufhebender Illusionselemete, die der konventionellen Sprache entnommen sind. Nirgendwo, auch bei den Futuristen nicht, hat man eine ähnlich kühne Purifikation der Sprache versucht. Und Kandinsky ist auch den letzten Schritt noch weitergegangen. Er hat im ›Gelben Klang‹ als Erster den abstraktesten Lautausdruck, der nur aus harmonisierten Vokalen und Konsonanten besteht, gefunden und angewandt.

Über Okkultismus, Hieratik
und andere seltsam schöne Dinge

Vor etwa zwei Monaten fand in Ascona ein Kongreß statt, dessen Sitzungen ein seltsames Publikum vereinigten. Niemand hätte dem kleinen Fischerdorf eine so interessante Fremdenkolonie zugetraut, wie sie sich hierbei in den einfachen, aber eleganten Landhäusern auf dem Monte Verità zusammenfand. Aber Ascona ist heute ein Hauptsitz von Vertretern und Anhängern der okkulten Wissenschaften, und so brachte der Kongreß des »Ordo Templi Orientalis« im August, wenn auch viele Gäste aus England, Österreich, Deutschland und Frankreich ausgeblieben waren, desto nachhaltigeres Leben in die ortsansässigen Zirkel.

Die Ziele des »O. T. O.« sind menschlich und klar. Er pflegt die Lehre der alten Freimaurer vom Memphis- und Misraimkult. Seine Absicht ist eine intensive Herzenskultur, gegründet auf Liebe, Güte und Freude. Er hat eine umfassende eigene Literatur geschaffen, deren Zweck es ist, eine höhere Lebensauffassung als die geltende materielle zu vertreten, und da der Orden mit Ausnahme der allgemeinen Menschenverbrüderung keinerlei Dogma hat, so zählt er heute bereits Hunderte von Initiierten in den deutschsprechenden Ländern.

Zeigen diese Tendenzen den Okkultismus auf einem sehr humanen und zeitgemäßen Wege, so erhielt dieser Kongreß eine Bestärkung seiner edlen Ziele durch eine Reihe Veranstaltungen der Zürcher Kunstschule des Herrn von Laban, die dem kleinen Ascona alle Ehre machten.

Seit Herr von Laban seine Tanzschule von München 1913 nach Zürich verlegt hat, hat sein Institut an Bewußtsein und Umfang des Studienplans sehr zugenommen. Die Laban-Schule ist heute in notwendiger Ausgestaltung ihres Grundgedankens weit über das hinausgewachsen, was eine Tanzschule herkömmlicher Art dem jungen Eleven zu bieten hat. Sie hat sich zu einem Institut entwickelt, das sich nicht nur die Ausbildung des Könnens, sondern schon die Erziehung zum Künstler angelegen sein läßt. Mit der Erziehung zur Persönlichkeit umfaßt sie das ganze Gebiet der Eurythmie. Es handelt sich nicht mehr um die Technik allein, sondern um die Kunstpädagogik, von der die Ausdruckskultur, in Tanz, Ton und Wort, nur der praktische Teil ist. Der Eleve soll neben der Pflege seiner geistigen und physischen Talente auch Gelegenheit erhalten, die Zusammenhänge seiner Kunst im rhythmischen und kulturellen Ganzen zu erfassen. Er soll sich nicht nur als Individuum, sondern als Teil im Kosmos und im Gesamtkunstwerke empfinden, und so erweist sich die Theorie der beiden leitenden Persönlichkeiten, R. von Labans und Mary Wigmans, als eine künstlerische Gemeinschafts- und Festspielidee von reichen und produktiven Möglichkeiten: die Schule wird zum Erziehungsinstitut großen Stiles, das dem Schüler einen moralischen Rückhalt und Werte mitgibt, auf denen er sein späteres Leben basieren kann. Ein solches Unternehmen erfordert nicht nur von seiten der

Lehrer, sondern auch von seiten der Schüler eine Unsumme moralischer und physischer Arbeit, vor allem aber unbedingte Hingabe, und hierin ist der hohe Ernst begründet, der die Leistungen des Einzelnen und der Direktion bei ihren öffentlichen »Demonstrationsabenden« kennzeichnet. Hierin liegt die Werbekraft der Schule, die heute bereits eine ganze Anzahl markanter Persönlichkeiten in ihren mannigfachen Lehrfächern (Tanz, Gesang, Zeichnen, Film, Dekoration, Pantomime usw.) vereinigt. Und in eben diesem Ernste in der Disziplin ihrer Bestrebungen berührt sie sich mit den Idealen der Freimaurer. Selten wird man überzeugendere Ausführungen über den Ursprung des künstlerischen Ritus, der mimisch-theatralischen Kulthandlung und des hieratischen Tanzes gehört haben als in den Vorträgen R. von Labans, und selten wird man Kulttänze aus Altmexiko, Zentralafrika und dem Orient mit mehr intuitivem Erfassen haben tanzen sehen als in seiner Schule.

Das veranlaßt mich, besonders dreier Begabungen zu gedenken, die heute innerhalb dieser Schule Vorbildliches leisten.

Mary Wigman, die impulsive Erfinderin des »Tanzes an sich«, des von Musik und Rhythmus losgelösten absoluten Tanzes, dem jeder singuläre und kollektive Eindruck gleicherweise zu Geste und körperlichem Leben wird, hat die Tanzkunst zu einer tiefen Verinnerlichung geführt. Sie bringt alles Geistige auf eine rhythmische, körperliche Basis zurück, und dieser Charakterzug nicht zum wenigsten verbürgt der Schule eine beständige Verjüngung, Vereinfachung und starke Führung zur Mimik hin. Religiös gesehen ist Mary Wigman eine Rembrandt-Natur. Sie liebt die Mystik der Fläche, Hell, Dunkel, den Kontrapunkt der Farben und Komposition; die große, geniale Sprache, Verklärung der inneren Linie und das plötzliche Aufleuchten seelischer Komplexe. Ihr Muskelspiel hat einen männlichen, kriegerischen Akzent. Sie beherrscht eine Skala der Leidenschaften von sich selbst verzehrender Glaubensglut bis zu den Delirien alttoledanischer Feste. Und sie instrumentiert und drapiert ihre Passionen vom grellen Rot bis zum tiefen Schwarz mit allen starken, eindeutigen, plastischen Farben.

Raya Belensson ist Russin, Tartarin. Ihr Tanz ist strenger, religiös noch geschlossener. Er ist nicht von Passionen bestimmt, sondern von Überzeugungen. Slawisch-volkstümliche Elemente mischen sich in die Sprache einer Orthodoxie, deren Schrift nicht Liebhaberei, sondern Leben ist, so verschollen und fremd uns Westlern eine alte Kirchensprache, alte Kirchenmusik und ein orthodox geschriebenes Manuskript Dostojewskis berühren. Wenn sie Chopin tanzen würde, würde man den Slawen sehen, nicht den mißglückten Liebhaber der George Sand: Verhaltene und beherrschte Tränenstürze und den Stolz luxuriöser Demut. Mehr Leiden als Leidenschaft. Sonja Kowalewski und Maria Bashkirsew hatten von ihrem Blut. Liebt Mary Wigman die Plastik, die Fläche, so entspricht Raya Belensson die Linie, die Kante, der rechte Winkel. Alle Spitzfindigkeit der Rabulistik fängt sich an ihrem Körper. Nichts liegt ihr besser als die Geheimsprache liturgischer

Zeichen. Wie keine zweite zeigt sie sich für den rituellen und hieratischen Tanz begabt.

Ganz anders wieder Sophie Täuber. Anstelle der Tradition treten bei ihr die Sonnenhelle, das Wunder. Sie ist voller Erfindung, Kaprize, Bizarrerie. In einer Zürcher Privatgalerie tanzte sie »Gesang der Flugfische und Seepferdchen«, eine onomatopoetische Lautfolge. Es war ein Tanz voller Spitzen und Gräten, voller flirrender Sonne und Glast und von schneidender Schärfe. Die Linien ersplittern an ihrem Körper. Jede Geste ist hundertmal gegliedert, scharf, hell, spitz. Die Narretei der Perspektive, der Beleuchtung, der Atmosphäre wird hier einem übersensiblen Nervensystem Anlaß zu geistreicher Drolerie, zur ironischen Glosse. Ihre Tanzgebilde sind voller Fabulierlust, grotesk und verzückt. Ihr Körper ist mädchenhaft klug und bereichert die Welt durch jeden neuen Tanz, den sie – geschehen läßt.

Aufgabe für einen deutschen Philologen

Zur Reformationsfeier

Aufgabe für einen jungen Philologen wäre es, zur 4. Jahrhundertfeier der Reformation eine in lesbarem Deutsch geschriebene, vollständige und genaue Biographie Thomas Münzers herzustellen. Vor mir hängt ein kleiner Kupfer aus dem 16. Jahrhundert:

Thomas Munzer
Stolbergensis Pastor Alsted
Archifanaticus Patronus et Capitaneus
Seditiosorum Rusticorum
Decollatus Anno 1525

Wenige wissen, wie verdienstlich sich dieser Mann, von dem die konsistorialrätliche deutsche Reichsgeschichtsschreibung wenig zu berichten weiß, um die Freiheit bemühte. Als es sich anfangs des 16. Jahrhunderts darum handelte, ob Europa im Katholizismus eine einheitliche christliche Form behalten solle, deren Inhalt von den Päpsten nahezu völlig verweltlicht, versachlicht, humanisiert worden war, gab es zwei verschiedene Auffassungen. Thomas Münzer war der Ansicht, man müsse die Fürsten samt der Hierarchie (also Staat und Kirche zugleich) abschaffen. Martin Luther glaubte, kirchliche Reformen (also heute staatliche) genügten, und mit Hilfe der Fürsten könne man die Freiheit eines Christenmenschen sehr wohl garantieren und gegen die Hierarchie behaupten. Es ist klar, wer radikaler gedacht hat, und es ist nicht erst heute, sondern war schon im 16. Jahrhundert evident, daß die Freiheit von Christenmenschen bei Fürsten schlecht aufgehoben ist. Luther war es, der Deutschland durch seine auf Innerlichkeit, Weltabgeschiedenheit und Abstraktion gestellte Reform jäh isolierte. Luther war es, der den Pakt des Gewissens mit den Fürsten einging und sich gemeinsam mit ihnen gegen die halbverhungerten Bauern-Proletarier wandte. Er verhinderte dadurch die deutsche Bauern-und Volksrevolution. Er zerschnitt damit den Lebensnerv der deutschen Universalität. Er wurde der erste Begründer des heutigen deutschen Reiches, des Gottesgnadentums, der Selbstversenkung und Selbstüberhebung, Begründer der Staatsreligion, auf der die heutige Dynastie ruht (man unterschätze sie nicht!), Begründer sogar noch des Herrn Dr. Michaelis, der so sehr fromm ist, daß er den »Marne«-Rückzug unlängst komischerweise als ganz besondere Fügung des höchsten Herrn zur Einkehr anempfahl. Die aufständischen Bauern aber, skorbutmäulige, ausgehungerte, ausgesogene Kreaturen, die sich gar nicht so sehr gegen die Ablässe, als gegen die ganze Kutten-und Junkerwirtschaft zugleich wandten, führte Thomas Münzer. Man weiß, daß er »spurlos versenkt« wurde durch eine Intrige Luthers (man weiß, daß die Deutschen stets durch Intrige, nicht durch Diskussion zu beseitigen belieben, weiß es von Luther an über Marx bis zu Luxemburg); man weiß, daß Thomas Münzer seinen Streit gegen das »geistlose Fleisch von Wittenberg«, wie er Luther nannte, so prinzipiell führte, wie nur etwa Bakunin seinen Kampf gegen das geistlose Fleisch der Staatssozialisten; man weiß, daß hier ein Fall theologischer Staatsraison von wichtigster historischer Bedeutung vorliegt. Sollten das nicht Gründe genug für einen jungen, sozialistisch geschulten Philologen sein, die Akten auszugraben und endlich dem Manne ein Denkmal zu setzen, der wie kein zweiter Deutscher die Religion in der Freiheit (nicht in der gottgewollten Abhängigkeit), im Aufstand (nicht im Augenaufschlag) und in der Begeisterung (statt in der Gnade) sah. Die Resultate eines solchen Münzer-Buches würden zeigen, woher die religiös gestimmte Verlogenheit und Korruption des gegenwärtigen offiziellen Deutschland stammt. Und dies Buch gegen Luther, das wichtiger werden könnte als heute Resolutionen einer Reichstagsmehrheit, würde vielleicht einen Anfang des Beweises liefern, daß eine radikale Lösung der politischen Frage nicht möglich ist, ohne die Lösung der religiösen.

Vom Universalstaat

Will man den Weg verstehen, auf dem die heute unter dem Schlagwort »Pangermanismus« vereinigten Tendenzen zu der furchtbaren Macht gelangten, die alle Welt kennt und verspürt, so muß man zurückgehen bis ins tiefe Mittelalter. In dem mittelalterlichen Kampf um die Suprematie zwischen geistlicher und weltlicher Macht, zwischen einer geistlichen Oberleitung durch den Papst und der tobsüchtigen Wildheit barbarischer Könige spielten sich die ersten Entscheidungen europäischer Geschichte ab. Als Otto I. sich 962 vom Papste die Kaiserkrone erzwang, entstand das »Heilige römische Reich deutscher Nation«. Unter Otto III. gab es bereits einen deutschen Papst, kaum daß es ein deutsches Volk gab. Es folgten die Kreuzzüge, in denen die Päpste der übermütigen Barbarenkraft und den verheerenden Einfällen deutscher Könige nach Italien eine phantastische Ablenkung schufen. Es folgte die Unterwerfung des geschwächten Staates unter die Kirche durch Gregor VII.

Der päpstlich-kaiserliche Universalstaat des Mittelalters leitete eine innige Verbindung der deutschen Völkerschaften mit dem zivilisiertesten Land der damaligen Welt, Italien, ein, und wenn die gewaltsamen deutschen Könige auch, sobald sie den Segen empfangen hatten, nur Richtschwert und Vollstrecker des römischen Willens geworden waren, so verlieh ihnen diese Weihe doch die »Kulturmission«, Mehrer des Kirchengebiets und Verbreiter des Evangeliums zu sein, und damit jene heraldische Allüre einer von den Reichs-Trompetern begleiteten theologischen Majestät, der die buntbäurische Phantasie des deutschen Volkes noch heute nicht gewachsen ist. Jahrhundertelang verbreitete das Schwert der Kaiser den Christenglauben, wie es unter Mohammed den Islam verbreitete. Und nicht erst heute, schon zu Gutenbergs Zeiten findet sich in der Presse die Überzeugung, die deutsche Nation sei von Gott bevorzugt und von der Vorsehung auserwählt. Sie war aber nur von den Kardinälen auserwählt und vom Papste bevorzugt. Die deutschen Könige hatten sich diese ihre Stellung durch Bluttat und Gewalt ertrotzt. Ihre Kulturleistungen blieben weit hinter dem zurück, was gleichzeitig Arabien, Spanien und Italien in Kunst, Literatur und Wissenschaft leisteten.

Noch heute sehen unsere deutschen Schulräte, Geschichtsschreiber und Pädagogen nicht ein, daß keine Veranlassung vorliegt, auf diese Tradition besonders stolz zu sein. Deutschland war keineswegs das »moralische Herz der Welt«, wie Herr Scheler glauben machen will. Die Moralität war in Deutschland, von vereinzelten Mystikern und Troubadouren abgesehen, unausgebildet, abseitig und grob. Das Land war Rüstkammer und Arsenal für die weltlichen Ziele des Papsttums. In solchen Ländern ist wenig Raum für die Ausbildung verfeinerter Sitten. Profoß und Schrecken brachten den Päpsten die Barbarossas, Ottos und Friedrichs. Wen deshalb der Papst zum Kaiser salbte, dem legte er damit die Verpflichtung auf, solch »Apostolische Majestät« (noch heute trägt der Kaiser von Österreich den Titel) habe den gewaltigen europäischen Kirchenstaat zu vergrößern oder zu verteidigen, auf welche Art immer es geschehe.

Das »Heilige römische Reich deutscher Nation« wurde von Luther zerstört. Luthers robust gewaltige Persönlichkeit ist geschichtlich nur zu verstehen, wenn man den Kampf zwischen Kaiser und Papst sich vergegenwärtigt. Luther trennte Deutschland von Rom und schuf damit die Voraussetzung für die Unabhängigkeit des heutigen deutschen Feudalismus. Er lieferte den deutschen Fürsten, und Reichsherolden wie Treitschke und Chamberlain, die Ideologie für jene egozentrische Selbstüberhebung, die sich in den Köpfen alldeutscher Generäle und Subalternpropagandisten zu einem Delirium ausgewachsen hat. Von den Zeiten der Reformation an gelang es den Päpsten nicht mehr, die deutsche Macht unter eine geistige Obhut zu beugen.

Luther wurde ein Angelpunkt der Geschichte. Von Luther an beginnt sich ein neuer Universalstaat vorzubereiten, in dessen Zentrum nicht mehr die ganze klerikale, sondern die ganze profane Gewalt steht. In den großen Bauernkriegen von 1524/25 handelte es sich darum, ob die uralte Feudaltradition Deutschlands gebrochen werden könne oder nicht. Diese deutsche Revolution (wichtiger heute als die Reformation, mit der sie Hand in Hand hätte gehen können) mißglückte. Der Feudalismus wurde gestärkt. Im Aufkommen der Hohenzollern verjüngte er sich. Das Aufkommen der Hohenzollern brachte den Konkurrenzkampf mit Habsburg, dem letzten Rudiment des mittelalterlichen Systems. Damals gingen die geistlichen und weltlichen Methoden der Universalstaatspolitik und »Diplomatie von Wien« in die preußischen Kabinette über. Und heute erleben wir es, wie derselbe, auf die Besitzlosen, das Proletariat gegründete Universalstaat des Mittelalters von Berlin aus wiederaufersteht.

Jetzt ist es umgekehrt. Das kaiserliche Regime sucht den Papst zu benützen, wie im Mittelalter der Papst den Kaiser ausspielte. Steuerte Habsburg die diplomatischen Methoden bei, so Napoleon die militärischen. Eine satanische Macht regiert heute Deutschland und sucht sich von dort aus die Welt zu unterwerfen. Das Mittel ist Zweck geworden. Die Profanität triumphiert, und eine Entwertung aller Werte findet statt, die niemals ihresgleichen sah. Als Dante seine Schrift »De monarchia« schrieb, ließ er sich kaum träumen, daß er die Hölle selbst damit begünstigte. Gott ist Werkzeug der Monarchie geworden. Moral und Religion sind dem omnipotenten Staatsgewalt untergeordnet, und die Folge dieser Perversion der Moralbegriffe ist es, daß man die teuflischsten Dinge im Namen Gottes verherrlicht, ohne jegliches Gefühl und Gewissen für die Inferiorität dieses Evangeliums der reinen Kraft und Gewalt.

Jede Art Mystik, jede Art Religion, jede Regung des Seelenlebens und der menschlichen Sehnsucht, alles was dem Menschen heilig ist, wird von diesem System in raffiniertester Weise benützt, um den Menschen zu fassen und gefügig zu machen. An die Stelle des Ablasses ist der Aderlaß getreten. An die Stelle der Beichte die Detektivpolizei. Die großen moralischen

Werte der Menschheit (Seele, Friede, Vertrauen; Achtung, Freiheit und Glauben) werden nach dem Erfolg berechnet und als Mittel zur Erreichung von Zwecken ausgespielt, die der traditionellen Bedeutung dieser Worte entgegengesetzt sind. Das klerikale Kollegium de propaganda fide ist ersetzt von einem journalistischen de propaganda bello, und die Freude und der Stolz, mit denen man diesem verwerflichen System dient, geben die Beleuchtung zu einem infernalischen Totentanz, in dem die Reste deutschen Wesens in Verwesung übergehen.

Preußen und Kant

Man kann die Erniedrigung, die das preußische Pflichtideal postuliert, und die Depravation, zu der es notwendig führen muß, nicht verstehen, wenn man seine Entwicklung nicht kennt. Dem preußischen Pflichtideal liegt noch heute eine Art stillschweigenden Vertragsverhältnisses zugrunde zwischen dem Fürsten und seinem Untertanen. Der Untertan verpflichtet sich, zu »dienen«, der Fürst »schützt« ihn dafür. Überall, wo es Fürsten gibt, hat es einen ähnlichen Vertrag gegeben. In Preußen aber kam dazu folgendes: Das Elend des dreißigjährigen Krieges hatte vagabundierende Soldaten hinterlassen, die marodierend, raubend und wohl auch mordend das Land durchstreiften. Vielleicht aus Frömmigkeit – Armenwesen und Polizei gehen in protestantischen Staaten Hand in Hand – schuf Friedrich Wilhelm, der Große Kurfürst, den miles perpetuus, das stehende Heer. Der Pflichtvertrag wurde zur »verdammten Pflicht und Schuldigkeit« aus Anerkennung gegen die kurfürstliche Güte. Der miles perpetuus ist ein tief verworfenes Geschöpf; er kann seinem Herrgott danken, daß der Kurfürst ihn nicht aufknüpft, sondern lebenslänglich »dienen« läßt. Der Kurfürst war kein gelinder Herr. Aufs strengste ging er gegen das Raufen und Balgen seiner Offiziere vor: Duellanten und Sekundanten bestrafte er mit dem Tode. Durch hinreichenden und »regelmäßig ausgezahlten« Sold fesselte er die Offiziere an sich. Auch durch die Macht seiner »christlichen« Persönlichkeit. Der preußische Militarismus in seinen Grundlagen ist »gottesfürchtig«. Die von Gott eingesetzte Obrigkeit begnadet den Sünder. Es ist ein religiöser Militarismus. Bei einer Exaltierung des Bußbegriffes ließe sich daraus ein preußischer Militärkatholizismus abstrahieren. Soweit sind wir noch nicht gekommen, weil es an produktiven Köpfen fehlt. Aber wenn Herr Scheler sich einmal damit beschäftigen wollte, ließe sich denken, daß man Katholizismus an diesem Punkte mit Preußentum wohl vereinigen kann. Dann würde es preußische Freiwillige geben aus Dandysmus. Die »verdammte« Pflicht und Schuldigkeit besagt, daß es hier eine Hölle gab ohne Entrinnen.

Das Exerzieren des miles perpetuus und die Exerzitien der Jesuiten treffen sich in punkto menschlicher Erbärmlichkeit, Nullität und Zerknirschung. Kaserne, Kloster und Zuchthaus wetteifern in Pauperismus, schlechter Kost und Verachtung des menschlichen Stolzes. Die militärische »Generalobservation« jenes Soldatennarren Friedrich Wilhelm I. und die »geistlichen Bußübungen« des Ignatius von Loyola berühren einander im Paragraphen. Artikel I: »Es muß zuvorderst woll darauff gesehen werden, daß, so offt ein Kerl im Gewehr, und absonderlich auf dem Exerzierplatz ist, sich bon-air gebe, nemlich den Kopf, Leib und Füße recht ungezwungen halte, und den Bauch einziehe.« Artikel VII: »Das Erste im Exerzieren muß sein, einen Kerl zu dressieren, und ihm das air von einem Soldaten beyzubringen, daß der Bauer herauskommt.« Oder Artikel II für die Offiziere: sie sollen, »wenn sie von eines Soldaten gottlosen Leben in Erfahrung bringen, selbigen vermahnen, und wenn er sich nicht bessert, den Kerl zum Priester schicken«. So im »Reglement, vor die Königl. Preußische Infanterie, vom I. März 1726.«

Dieses grundlegende Reglement ist beeinflußt vom Kriegsreglement des Spaniers Della Sala ed Abarca (1681), das auf Befehl des Königs ins Deutsche übersetzt und mit geringen Änderungen auch von Friedrich dem Großen übernommen wurde. Von letzterem stammt das Wort, das die Herkunft der preußischen Disziplin bezeichnet:

»Kann ein Fürst, der seine Truppen in blaues Tuch kleidet, der sie sich kehren läßt rechtsum und linksum, sie ehrenhalber einen Feldzug tun lassen, ohne den Ehrentitel eines Anführers von Taugenichtsen zu verdienen, die nur aus Not gedungene Henker werden, um das ehrbare Handwerk von Straßenräubern zu treiben?«

Man sieht: die preußische Armee regt zum Philosophieren an, und es ist kein Scherz, wenn ich sage, der preußische Militarismus beruht auf »Religionsphilosophie«. Er ist spanisch nach seiner Herkunft und wird nur überwunden werden von einer geistigen Disziplin, die sich an jesuitischen Vorbildern schulte. Die preußische Armee in ihrem Ursprung ist ein Verbrecherinstitut, dem die Gnade des Fürsten zuteil geworden ist, und noch der Sadismus heutiger Unteroffiziere und preußischer Offiziere beim Drill, der eine absolute Inferiorität des ihm ausgelieferten »Menschenmaterials« voraussetzt, zeigt Parallelen mit dem Gefängniswesen, die Gegenstand theologischer Dissertationen werden könnten. Die Rache ist Ausgangspunkt einer brandenburgischen Hausphilosophie, der auch Kants Rigorismus sich nicht zu entziehen vermochte und der alle strengeren Naturen ihr spekulatives Interesse nicht versagen können. Die Subordination des Individuums, wie das preußische System sie verlangt, beginnt die Kirche zu interessieren, und die verwöhntesten Geister beginnen uns abzufallen, wenn wir der Satansschule uns nicht gewachsen zeigen.

Was ist es anderes als Mathematik, wenn Friedrich Wilhelm I. vor dem dröhnenden Gleichschritt der »langen Kerle«, vor den unerhört genauen Bewegungen der Körper und Linien Wirbelkrämpfe bekommt? »Enfin, ein Regiment ist die Braut, darumb man tanzet.« Der Kantonist war zu lebenslänglichem Dienst verpflichtet. Unerbittlich regierte der Stock. Ist es ein Zufall, daß Kant schrieb: »Wir stehen unter einer Disziplin der Vernunft. Pflicht und Schuldigkeit sind die Benennungen, die wir allein unserem Verhältnisse zum moralischen Gesetze geben müssen.« War nicht auch er fasziniert, ein Schüler Friedrich Wilhelms I.? »Pflicht, du erhabener großer Name, der du nichts Beliebtes, was Einschmeichelung bei sich führt, in dir fassest, sondern Unterwerfung verlangst....« Und liegen nicht hier die metaphysischen Gründe, die Katholiken heute zu Kantianern machen? Kant suchte die Wurzeln einer »edlen Abkunft« dieser Pflicht. Er fühlte als Mensch und Preuße sich verpflichtet, der teuflischen Wirklichkeit eine göttliche Wurzel zu suchen. Und er fand diese Wurzel, die Würde, in der freiwilligen Zustimmung zu Gebot und Befehl: in der Antizipation des Befehls, und er nannte sie »kategorischer Imperativ« im Namen der »Persön-lichkeit«.

Ist ein Satz wie der folgende zu verstehen ohne diese Prämissen? Kant schreibt:

»Hält nicht einen rechtschaffenen Mann im größten Unglück des Lebens (dem Militärdienst), das er vermeiden konnte, wenn er sich nur hätte über die Pflicht wegsetzen können, noch das Bewußtsein aufrecht, daß er die Menschheit in seiner Person doch in ihrer Würde erhalten und geehrt habe; daß er sich nicht vor sich selbst zu schämen und den inneren Anblick der Selbstprüfung zu scheuen Ursache habe?«

Hält man Kant noch immer für den weltabgewandten Stubengelehrten? War das Substrat dieser abstrakten Sätze nicht Friedrich Wilhelms Knuten-system? Glaubt man, ohne Grund ist Kant für die Chamberlain und Kon-sorten »die Braut, darumb man tanzet«? Er hat dem preußischen Untertanen das gute Gewissen gegeben, sich knuten und knebeln zu lassen. Er war der zweite Deutsche nach Luther, der das Gewissen verriet; so sublim und ab-strakt und so dunkel, daß es gewitzter Sinne bedarf, hier noch die Urschrift zu lesen. Kant hob die preußische Knutung zur Metaphysik.

Die moralische und die Wirtschaftsrebellion

Es ist ein Vorurteil der Marxisten im allgemeinen und der Bolschewiki im besonderen, daß sie sich für die eigentlichen, die radikalsten, die non plus ultra-Revolutionäre halten. Sie haben dies Vorurteil von Karl Marx übernommen, der sich – wenigstens in seiner Jugend und vor 1870 – in Radikalität geradezu überbot. Radikal sein hieß in den Studentenjahren des Karl Marx Atheist und Materialist par excellence, Immoralist aber aus Instinkt sein. Marx fühlte sich besonders der »Bourgeoisie« überlegen. Er ging soweit, an die moralischen Weltordnungen der deutschen Katheder nicht mehr zu glauben, Moral und Religion als bürgerliche Ideologie zu verabschieden und dem protestantischen Professoren-Idealismus als neue Realität die proletarische Revolte gegenüberzustellen, deren Führer er in Paris, Brüssel und London kennenlernte.

Der Begriff Bürger wird bei Marx selten klar präzisiert. Ursprünglich meinte er wohl den Philister unter der romantischen Regierung Friedrich Wilhelms IV. Die französischen Sozialisten, Proudhons Kritik des Eigentums insbesondere, lassen ihn Bürger und Eigentümer identifizieren: Bourgeois ist von jetzt an für Marx der Groß- oder Kleinbesitzer, der Rentenspießer, und jeder, der die materiellen oder intellektuellen Geschäfte dieser »Geldsack«-Bourgeoisie besorgt oder fördert, vorzüglich, wenn es mit ausgiebigem privatem Nutzen geschieht. Es wird Marxens Spott, die Bourgeoisie bis in die demokratische Idee hinein zu verfolgen, und sogar Freiheit, Gleichheit und Brüderlichkeit, die Menschenrechte und die sozialen Prinzipien des Christentums zur bourgeoisen Ideologie zu rechnen. Auch Feuerbach ist jetzt ein Bourgeois. Franz Mehring nennt Schopenhauer einen Bourgeois, Herr Lenin nennt alle Welt Bourgeois, sich selbst aber einen »revolutionären Marxisten«.

Die Vertreter dieser »Ideologie« gehen samt und sonders von einer merkwürdigen Überschätzung der Gebrauchsgegenstände, der Barzahlung und der Materialien aus; was übrigens eine Erklärung dafür ist, weshalb der Marxismus besonders auf das jüdische Gemüt eine so frappante Anziehung ausübt. Die Liste der jüdischen Marxisten in Rußland ist oft und über Gebühr von Antisemiten aufgelegt worden. Auch in Deutschland zieht die Wirtschaftsrebellion mehr und mehr das Judentum in seinen Bann. Persönliche Überraschung war mir, neuerdings auch die Herren Carl Sternheim (den Komödiendichter) und Wilhelm Herzog auf der Seite des »gestürzten« Militarismus und der »Weltrevolution« zu finden.

Die Vertreter des Dogmas von der alleinseligmachenden Wirtschaftsrebellion überschätzen den Besitz, und den Genuß. Sie wollen die komplette Sozialisierung und kommen dabei zu kompletten Vierzimmereinrichtungen, Warmwasserversorgung und Zentralheizung. Warum nicht? Wenn es solch praktische Dinge gibt, warum soll sie nicht jedermann haben? Der Appetit ist die natürlichste Sache von der Welt. Nur hat sich mittlerweile begeben, daß die »Bourgeoisie« aus sich selbst heraus, nicht aus dem Proletariat,

Philosophien erdacht hat, die gerade, als das Proletariat anrückte, den *Verzicht* auf den Besitz postulierten: etwa der »Bourgeois« Schopenhauer, oder der »Bourgeois« Mazzini, oder der »Bourgeois« Tolstoi, und hundert andere Bourgeois aller Länder, in denen die Mönchstradition und der Katholizismus nicht ausstarben. Und es hat sich ergeben, daß sich im »kapitalistischsten Lande der Welt«, in den Vereinigten Staaten, sogar das leitende Staatsoberhaupt in diesem Geiste erhob und den Ausgang des Weltkrieges sehr wesentlich beeinflußt hat. Die deutschen Bolschewiki finden sein Programm »gutbürgerlich«, so wie man von einem gutbürgerlichen Mittagstisch spricht. Sie vergessen aber, daß dieses Programm berufen scheint, durch Errichtung des Völkerbundes und Einsetzung von moralischen Garantien den nationalen Egoismus und die Verwilderung der staatlichen Energien für alle Zeiten zu bändigen.

Die Marxisten unterschätzen die persönliche und nationale Schuldfrage. Sie kennen nur eine Schuld von Institutionen, als ob es nicht Personen wären, die alle Institutionen geschaffen oder verschuldet haben. Sie kennen nur die kollektive Verantwortung, die Verantwortung der Partei und Begriffe. Die englische Verfassung bestimmt: wer sich als Staatsmann ein Vergehen gegen das Volkswohl zuschulden kommen läßt, haftet mit Ehre und Vermögen. Könnte man die deutschen Gaue dazu bringen, auf der Nationalversammlung die Verantwortung aller Staatsbürger für volksfeindliche Handlungen zu statuieren und mit einem entsprechenden Gesetzparagraphen die Rückwirkung auf die letzten zehn Jahre vor Kriegsausbruch zu sichern, – man hätte den Sozialismus, die Moral, eine gesäuberte Presse, eine anständige Finanz, keinen preußischen Generalstab mehr und keine Mehrheits-»Sozialisten«. Aber es ist marxistische Parteidoktrin, daß der Sozialismus auf dem Wege der generellen Zwangsenteignung durchgeführt wird. Und es ist marxistische Doktrin, daß »das Kapital« aller Länder gleich egoistisch, gleich verworfen, gleich reaktionär und gleich »schuldig« ist. Die Doktrin macht nicht einmal den Unterschied zwischen rechtmäßig und unrechtmäßig erworbenem Eigentum. Sie negiert den *Begriff* Eigentum, als sei die Parodie auf den christlichen Kommunismus, die dieser Zwitter aus Evangelium und Robespierre darstellt, nicht die Verplattung, sondern die Heilswahrheit selbst.

Der Marxismus verkennt vor allem die intellektuelle Geschichte seines Heimatlandes – Deutschlands. Er verkennt die ungeheure Macht der deutschen Staatsidee, deren theologischen, militärischen und bürokratischen Voraussetzungen ein System nicht gewachsen ist, das zwei Drittel seiner Überzeugungen von ihr bezog. Die Internationale ist eine schöne Sache für Völker, die sich das leisten können. Deutschland war niemals als Nation so weit durchgebildet, daß breite Volksschichten reif waren für die Internationale, denn zur Internationale gehört doch wohl in erster Linie liebendes Verständnis, nicht nur für den fremden Kaliko und die fremde Hemdenfabrikation, sondern auch für den fremden Idealismus und die fremde Denkart. Man hatte in Deutschland den Begriff der Nation kräftig exaltiert, aber stets nur im egoistischen Sinne. Von Luther bis Bismarck: die Nationalisten waren Protestanten, die sich von allen kollektiven, universalen *Verbindlichkeiten* absolvierten. Das Humanitätsideal im achtzehnten Jahrhundert war ein Sport epigonischer Duodezfürsten, die Frankreich um seinen Kosmopolitismus beneideten. Die Universalideen der Romantiker gelangten aus der Poesie kaum in die Prosa, und aus dieser noch weniger in die Politik. Die Internationale Marxens entspringt, wenn man sie überhaupt einen deutschen Gedanken nennen kann, der Desperation eines Patrioten, der Deutschland, als er nach Paris kam, keineswegs auf der Höhe der westlichen Kulturvölker sah, und der in der Idee der Internationale alles zu gewinnen, nichts aber zu verlieren hatte.

Die Prinzipien der moralischen Revolution werden sich von den proletarischen Zwischenspielen in Rußland und Deutschland nicht erschüttern lassen. Die Revolution tagt in Versailles, nicht in Moskau oder Berlin. Der moralischen Revolution bedarf das Proletariat tausendjähriger Theokratien dringender als der Wirtschaftsrevolte. Einer der wichtigsten Programmpunkte der moralischen Revolution ist die Überzeugung, nicht daß das Proletariat zur Besitzergreifung der politischen Macht fähig ist, sondern daß ihm zu seiner wahren Emanzipation geholfen werden muß. Zu Beginn der sozialen Revolution glaubte man, das Proletariat sei fähig, aus sich selbst heraus neue Formen der Politik zu schaffen. Diese tief humane Überzeugung von Männern aus der Bourgeoisie und dem Adel hat sich als trügerisch erwiesen. Gerade Marx war es, der die ideelle Emanzipation zugunsten der ökonomischen verabschiedet hat. Klassenbewußtes Proletariat ist ein Unding. Der entrechtete, unterernährte, aller Hilfsmittel beraubte Mensch ist unfähig, sich selbst zu helfen. Er braucht nicht nur wohlmeinende Anwälte, er braucht auch den guten Willen derer, die ihr Gewissen verhindert, Unrecht zu dulden. Die Beseitigung der Gewalt und der Willkürherrschaft mag nicht nur auf militärischem, sondern auch auf wirtschaftlichem Gebiete erfolgen. Es ist nötig, die Sozietät vor einem Primitivismus zu schützen, der den Sturz der traditionellen Moralbegriffe herbeizuführen versucht, ohne die Garantien einer wahrhaften Förderung des Volkswohls aufzeigen zu können.

An unsere Freunde und Kameraden

Schon vernimmt man das Wort Evolution. Schon versucht man die Revolution zu vertagen. Die Mehrheitssozialisten, die noch immer an die Wiederherstellung des Exporthandels glauben, betreiben weiter ihren Staats- und Wirtschaftszentralismus, die Flickarbeit im alten System. Sie hoffen, mit Hilfe Preußens die Unruhen im Innern zu ersticken; durch einen Feldzug gegen die russischen Bolschewiki sich die Welt zu verpflichten, und aus Dank dafür, unter Verzicht auf die Erörterung der Kriegsschuld, in den Völkerbund aufgenommen zu werden.

Man gebe diesen faulen Köpfen nicht Gehör. Der Weltmarkt ist für Deutschland verdorben. Die entschlossenste Dezentralisation ist am Platze. Auflösung Preußens. Wiederherstellung der Moral, gerechtere Verteilung des Großgrundbesitzes unter Begünstigung der Bauernschaft gegenüber der Fabrik. Vereitelung jeglichen militärischen Planes, ob derselbe sich in Form eines Polizeiheeres oder einer Schutztruppe gegen den Bolschewismus anbietet. Unterstützung Bayerns und aller Art separatistischer Strömung.

Was war das am 9. November? Ein Generalstreik der Soldateska. Die alte Maschine blieb plötzlich stehen, die überhitzten Zylinder platzten. Der deutsche Soldat wollte nicht mehr. Der militärische Apparat hatte sich übernommen. Der deutsche Soldat streikte. Schlechte Löhnung, schlechtes Essen und Strapazen Tag und Nacht, – es war ihm zu viel. Von Ideen keine Spur. Der Soldat war im Gegenteil überfüttert mit alldeutscher Literatur. Er wollte im Grunde nur – bessere Arbeitsbedingungen. Die Niederlage half nach. Eine ganz unglaubliche Niederlage. So etwas von Niederlage gab es in der ganzen Weltgeschichte noch nicht.

Der deutsche Soldat kam streikend zurück in die Heimat und fand – Leute, die rote Fahnen schwenkten und »Revolution« schrien, während tatsächlich nur die Maschine stehengeblieben war. Die hohen und allerhöchsten Herrschaften aber schlotterten, flüchteten, dankten ab, eiliger als man es von ihnen verlangte. »Bolschewismus« fürchteten sie. Auch die Bürger. Sie fühlten sich schon an die Wand gestellt. Ihr schlechtes Gewissen täuschte sie. Die Verschlagensten aber setzten Stellvertreter ein, die den harmlosen Hintergrund der Quasi-Revolution sehr rasch durchschauten und den Kurswert des Revolutionsgeschreis richtig zu handhaben wußten. Brachte man erst dem Ausland den Glauben bei, was da vorging, sei echt, so würde man mit der Revolution schon fertig werden. Man brauchte also eine Bewegung, die vor allem selbst sich für eine Revolution hielt. Die Presse sorgte für »Blut- und Gewalttat«, für Plünderungen, wenn sie die auch aus der Luft griff. Karriere machte die Partei jener Mehr- oder Minderozialisten, die den Sozialismus zwar im Programm hatten, über die Demokratie aber im Unklaren waren.

Revolutionäre wurden gesucht zwecks Abschluß eines vorteilhaften Friedens. Programm: je konfuser, desto besser. Es meldete sich – die frumbe teutsche Sozialdemokratie, als welche Reverenzen vorzeigen konnte über erfolgreiche Jahrzehnte eines sogenannten Kampfes gegen den »internationalen Kapitalismus«. Die höchst nationale Junkerschaft, samt der höchst ehrenwerten nationalen Kapitalistenclique, samt einer reichlich verwilderten »Intelligenz«, hatte ihre Freude dran. Doch das Problem blieb bestehen: Was fängt man mit den Soldaten an? Die ganze Nation ist Soldat, die ganze Wirt- und Wissenschaft Militärdienst. Was macht man damit? Man muß neue Arbeit schaffen, dekretierte Berlin. Etwa einen kleinen Spartakus-Aufstand. Man provozierte ihn und rächte sich für die Niederlage. Aber das reichte nicht aus. Das genügte nicht. Die Lohnfrage des Soldatenstandes verlangte ein größeres Absatzgebiet für Kriegsarbeit, als die Stadt Berlin es ist. Etwa eine Freiwilligenarmee gegen Rußland. Milderung des Arbeitsverhältnisses, 5 Mark Handgeld, bessere Verpflegung. »Grenzschutz Ost, zur Verteidigung der Kultur des Abendlandes«. Preußen bietet den westlichen Demokratien seinen Militarismus im Ramschausverkauf als Schweizergarde und Henker an. Leider nur – Frankreich verzichtet. Frankreich lehnt ab und fordert Einstellung der Feindseligkeiten, Aufhebung der famosen Ostarmee. Was jetzt?

Jetzt erst beginnt die wirkliche Revolution. Eisners Idee wird aktuell, erst jetzt. Eisner als Erster und Einziger hatte in Deutschland begriffen, worum es sich handle; daß eine moderne deutsche Revolution um andere Dinge zu gehen habe als um den »internationalen Kapitalismus«, als um Arbeiter- und Soldatenlöhne. Daß es sich handle: um die Weltrevolution *gegen* Deutschland.

Außerhalb Deutschlands hatten diesen Standpunkt längst Männer vertreten, deren Namen nicht oft genug von uns und von euch, Kameraden, genannt werden können. Männer wie Dr. R. Grelling, Konsul Dr. Hans Schlieben, Prof. F. W. Förster, Dr. W. Muehlon, die eigentlichen Führer der beginnenden deutschen Revolution. Führer zu einem neuen, modernen, anständigen, aufrichtigen Deutschland. Zu einer vertrauenswürdigen, geistigen und begeisterten Nation, die nicht mehr an Waffen und Prügel glaubt, sondern an Liebe und Mitleid, nicht mehr an Presse und Titel, sondern an Beichte und Sühne, und an Vergebung der Schuld.

Ah, das ist es? Diese Revolution geht um die Frage der Schuld am Kriege. Man kann es nicht oft genug sagen. Man lasse den Vergleich mit 1789 beiseite. Er hinkt. Man halte sich an die Tatsachen. Deutschland hat mutwillig und ohne die Niederlage für möglich zu halten den Krieg entfesselt. Deutschland hat endlosen Jammer über die Menschheit gebracht. Deutsche Staatsmänner haben verantwortlich dafür gezeichnet. Das ganze Volk wird mitschuldig, wenn es sie nicht zur Rechenschaft zieht. Sie müssen prozessiert, bestraft und geächtet werden. Es wird sich dabei ergeben, wer die Helfershelfer waren. Man wird auf die Junker und die Finanzräte stoßen, und auf die Intelligenz, das System. Man wird von den Personen auf die Sachen kommen. So, und nur so wird man ausmerzen: Deutschlands Rückständigkeit, seine Unwissenheit, seinen Hochmut. Deutschlands Messianismus (sein Judentum, sagte ich anderswo, ohne die Brüder Juden, die hierin meiner Ansicht sind, verletzen zu wollen), Deutschlands Glaube an Fetisch und Formel und an Begriffe, statt an verantwortliche Personen.

Eisner sah das. Eisner allein in Deutschland. Das Mittelalter, der faustische Wust ist unsere historische Schuld. Diese Scholastik, Bombastik, die Schlafsucht ganzer Jahrhunderte. Diese Begriffshegelei, dieser Macchiavellismus aller Parteien, die heute, trotz Wilson, noch glauben, Politik sei die Kunst, unnachahmlich zu lügen. Eisner war es allein, der den Feind nur im Lande suchte, nicht draußen. Sein Ende ist deshalb erschütternder, edler sein Opfer, als das der Liebknecht und Luxemburg. Und wieder erfuhr man: Lärm ist erlaubt. Doch wer da in Deutschland die Realität angreift, den zerreißt dieses Volk.

Dies letzte Attentat mehr als die beiden ersten beleuchtete blitzartig die ganze Verdorbenheit und Apathie. Beleuchtete aber auch den Weg, der gegangen werden muß, und auf den es unsere Jugend drängt. Was gehen uns die Splitter im fremden Auge an! Beseitigen wir die Balken und Holzhandlungen im eigenen Auge! Kein Internationalismus tut es. Keine anationale Sozialistenpartei, Franz Pfempfert. Bleiben wir bei uns selbst, bei der Sache. Ein tausendjähriger Augiasstall ist zu säubern. Wir müssen die Fäulnis abschaben, bis wir den Knochen treffen. Lieber zu viel, als zu wenig. Mit jedem Schritt zur eigenen Freiheit kommen wir näher der Menschheit. *Durch* die Nation, nicht um die Nation *herum*. Da hindurch müssen wir, wo die Wölfe am lautesten heulen.

An die moralischen Führer der freien Völker aber wenden wir uns: Zeigen Sie uns – wir beschwören Sie! – Ihre Sympathie. Helfen Sie uns, indem Sie unsere moralischen Führer namentlich anerkennen und deren Ermordung nicht dulden. Es steht in Ihrer Macht, uns zu helfen. Geben Sie aller Welt zu verstehen, daß Männer, deren reine Gesinnung Ihnen bekannt, deren Namen Ihnen geläufiger sind als – infolge Zensur und Verleumdung – unserem eigenen Volke, nicht deshalb zum Scheitern verurteilt sind, weil auch sie Ihnen keine Garantie zu bieten scheinen.

Der Künstler und die Zeitkrankheit

I

Die Prinzipienlehre unserer Zeit läßt einen allgemeinen Umbau der Wissenschaften erkennen. Der Zweckgedanke, auf Staat und Gesellschaft bezogen, verliert seinen Wert. Eine künstlerische Auffassung der metaphysischen Form scheint Raum zu gewinnen und die Wissenschaften sich unterzuordnen. Die Kausalität, auf ein mageres Begriffspaar, Ursache und Wirkung gestützt, ging von der Beobachtung zeitlicher Abläufe aus; von einem Messen, Wägen und Vergleichen materieller Zusammenhänge. Die Metaphysik begnügte sich mit fatalen Konstruktionen, die eine persönliche Freiheit zwar forderten, nicht aber zu begründen vermochten. Diese Methode und das Gesetz der Kausalität selbst mußten phantastisch und willkürlich erscheinen in dem Augenblick, in dem der reine Intellekt versagte; in dem er sich als unzulänglich erwies, die ringsum in aller Unvernunft hervorbrechende Geschichte und ihre greifbaren Elemente zu bändigen. Daß eine solche Entwertung der mathematischen Begriffe inzwischen eingetreten ist, läßt sich kaum mehr bestreiten.

Damit beginnt ein neuer Versuch, den letzten Wert zu erfassen. Da die Wissenschaft auf Tatsachen immer verwiesen bleibt, so regt sich ein Interesse für Tatsachen und Erfahrungen, die dem Strom des Werdens sicherer als das von Druck und Stoß abhängige, als das meß- und wägbare Faktum überhoben sind. Solche Tatsachen und Erfahrungen aber bietet vor allem die Kunst. »Es gibt«, so kann man 1905 bereits bei Voßler (›Die Sprache als Schöpfung und Entwicklung‹) lesen, »es gibt eine geschichtliche Erkenntnis ohne irgendwelche Bezugnahme auf die praktische Wirklichkeit. Das ist die Erkenntnis durch reine Anschauung oder Kunst, die sich auf ein theoretisches, nicht auf ein praktisches Geschehen bezieht. Die Wissenschaft von dieser Erkenntnis pflegt man Ästhetik zu nennen. Alle andere geschichtliche Erkenntnis ist auf die praktische Wirklichkeit bezogen, also empirisch. Darum enthält sie willkürliche Elemente, seien es konstruierte Typen oder Gesetze, seien es Zweckbegriffe«.

Die Kunstgeschichte tritt als Erfahrung anstelle der Profangeschichte; die Tatsachen haben Bedeutung nur noch, soweit sie gestaltet, das heißt dem faktischen Strome der Zeit überhoben sind. Dem Wesen des Kunstproduktes entsprechend wird man im neuen Gesamtbild die letzte und höchste Form nicht ohne den Inhalt, ohne die Welt der Gefühle und Triebe mehr setzen können. Der formalistischen, rein verstandesmäßigen Ansicht der Dinge folgt eine solche, die die Vernunft nicht abgezogen von ihrer seelischen und körperlichen Ausprägung mehr will gelten lassen. Letzter Urheber der Dinge muß ein Künstler, oberstes Kriterium einer neuen Wertskala die Kunst selber sein, in ihrer ganzen Vermögensfülle.

Drei Dinge gewinnen damit eine neue Bedeutung. Zunächst der Begriff der Inspiration. Wer ist der Künstler? Wie kommt das Kunstwerk zustande?

Geben dem Dichter die Götter ein oder die Dämonen? Worin ist das ›Genie‹ begründet? Worin das sogenannte ›Schaffen‹? Wer schafft und kreiert? Gott oder die Menschen? Ist die Kunst im Individuum beschlossen, in seinen Instinkten etwa, im Unbewußten, oder in einer Über- und Unterwelt? So daß, um dies vorwegzunehmen, die Kunst, wenn sie schon den letzten Wert darstellt, doch vom Produzierenden vielleicht gar nicht ausgeht, sondern der Mensch nur, wie die Scholastik sagte, die causa efficiens, keineswegs aber der Schöpfer seiner Leistung ist?

Sodann der Stil, die Einheit der Kunstleistung: sind sie Naturgaben? Gibt es einen angeborenen Stil, oder sind alle Einzelwesen nach ihrer Seinsweise begründet in einem einheitlichen Plan und Entwurf, der ihnen die Besonderheit zuweist nach Maßgabe ihrer Möglichkeiten? Ist die Menschenseele einzigartig und unveränderlich, oder unterliegt sie einem gestaltenden Gesetz? Je nachdem die Antwort gegeben wird, gibt es einen individuellen, autonomen Stil und eine individuelle Stilmetaphysik, oder es herrschen traditionelle, gemeinsame, schulmäßige Begriffe. Der interessante Streit über Nachahmung (Nachfolge, Gehorsam) und Originalität (natürliche Eigenart, Willkür), ein Streit, der einstmals in der Debatte zwischen Bembo und Erasmus die Gemüter erregte, lebt hier wieder auf.

Nicht zuletzt wird fraglich: der Begriff der Persönlichkeit. Wie ist das Wort persona abzuleiten? Daß es ursprünglich das Abbild der Götter und die Maske des antiken Theaters bedeutet, gibt keine Lösung. Ist der Maskenträger aktiv mit personare oder passiv mit personari in Beziehung zu setzen? Die Maske des griechischen Theaters hatte ein Schallrohr, durch das der Schauspieler zum Publikum sprach. Der Mime, der hohe Töne von sich gibt, könnte als Persönlichkeit gelten. So faßte noch vor kurzem C. G. Jung (in ›Psychologische Typen‹, Rascher, Zürich) die Persona als täuschendes Individuum auf, das sich mit seiner Maske identifiziert. Auch Erasmus, beim Beginn der (reformatorischen) Individual- und Original-Tendenzen setzt Persönlichkeit gleich Maske, erlogenes Antlitz, wenn er dann auch widersprechend die angeborene Gestalt als die echtere, der anderen, verlarvten (personatus), die nur auf der Nachahmung der Vorbilder beruhe, entgegenstellt.

Sehr im Gegensatz zu diesen beiden Auffassungen steht indessen eine dritte, die den Begriff der Maske auf das ganze Kleid, auf den Überwurf bezieht und an die magische Auffassung dieses Überwurfes bei den Alten erinnert (das Löwenfell des Herakles, das Seelenkleid des Gnostikers). Die Tier- oder Göttermaske prägt danach den Kern des Helden, der die höhere oder die physisch stärkere Person anzieht. Es handelt sich hier nicht mehr um ein Mimikry des Schauspielers und Nachahmers, sondern um die magische Identifikation mit einem kreativen übermenschlichen Wesen, das den Menschen, der vorher nur Sinn und Materie war, im Innersten prägt und erhöht. Vico vertritt diese Auffassung. Persona kommt nach ihm nicht von personare, durchtönen, sondern von personari, Festkleider anlegen.

II

Den Stand dieser Untersuchungen zu erörtern, ist nicht meine Absicht. Es genüge eine einfache Beobachtung. Mit wachsender Aufmerksamkeit registriert man eine Leistung nach ihrer künstlerischen Qualität. Soweit ein Urteil überhaupt wichtig wird, geht es zunächst von ästhetischen Gesichtspunkten aus, und es wird allgemach gleichgültig, ob es sich dabei um das Werk eines berufsmäßigen Artisten oder um dasjenige eines Geschichtsschreibers, Philosophen oder Theologen, also eines Gelehrten handelt. Die Kunst der eigentlichen Künstler aber erhält mehr und mehr den Charakter der ästhetischen Norm; sie wird zur absoluten Kunst, zur Hieroglyphe, das heißt zu einem Zeichen, in dem Religion, Philosophie und Zeitgeschichte in unauflösbarer Einheit verbunden sind. Eine Publikation wie die bei Rentsch in Zürich erschienenen ›Kunst-Ismen‹ (Herausgeber Lissitzky und Hans Arp) besagt in diesem Sinne mehr als ganze Bände wohlgemeinter ›Kunstwissenschaft‹. Der Mechanismus unserer Zeit macht es zum Gebot, die Erscheinungen nach einem strengeren Maßstab zu kontrollieren, als er seit langem in Anwendung war. Die Gestalt eines Argumentes, nicht seine Fülle entscheidet. Der Wert einer Leistung ergibt sich aus ihrer bis in die kleinsten Teilformen strahlenden Lichtspiegelung.

Und wiederum ist es eine Dreiheit, diesmal eine historische, die das moderne ästhetische Ideal bestimmt. Da ist vor allem die Tradition des sogenannten ›schöpferischen Idealismus‹. Der Gnadenstreit steht am Beginn ihrer Debatten. Die Gnade kann nicht verdient und nicht durch Nachahmung oder Nachfolge errungen werden. Man besitzt sie, oder man besitzt sie nicht. Es bedarf keines asketischen Bemühens, um erleuchtet, ein Genie zu sein. Die Werke als solche erweisen die gratiae gratis datae. Sie dienen nicht mehr der persönlichen Läuterung; sie werden Selbstzweck, Literatur. Bei Herder ist das Ideal eine Welt des schönen Scheins über den Gegensätzen von Pietismus und Kaserne. Bei Schiller zeigt sich eine Welt der Vorbilder, die ihre Beispiele aus den ›Ahndungen‹ der genialischen Persönlichkeit bezieht. Bei Goethe erreicht das Vorbild bereits die Stärke der antiken Selbstvergötterung; bei Nietzsche führt es zum Ideal des Stifters einer ästhetischen Religion.

Hier schließen sich neuerdings Bemühungen der Ethnologie an. Das Studium der primitiven Völker fördert eine Welt zutage, die der christliche Kulturkreis nahezu unterdrückt hatte: diejenige des Animismus und der Magie. Anschauungen und Werte, die über Zeiträume von Jahrtausenden kaum eine Entwicklung erfuhren, brechen in den Forschungen der Frazer, Tylor, Lévy-Bruhl und vieler anderer mit ihrem ganzen Gewicht in das moderne intellektualistische und psychologische Weltbild ein. In der Denkart der Kinder und der Neurotiker ergaben sich dazu die phylogenetischen Analogien. Das auf Beruhigung und Bestand bedachte Gewissen unserer Zeit stürzt sich auf diese Funde mit der Inbrunst dessen, der sich im Untergang auf festen Boden zu retten hofft. Das Verlangen, aus ferner

Urzeit neue Kräfte der Vereinfachung und der Verbundenheit zu schöpfen, erklärt den Eifer dieser Studien. Das Ergebnis aber ist eine Inthronisation der Magie, in der man den Schlüssel aller primitiven Kunstübung und -wirkung zu erkennen glaubt. Forschern und Empfängern verschlägt es dabei einstweilen wenig, ob man das Paradies oder das Reich des Dämons selber wiederentdeckt hat.

Eine dritte und letzte Strömung ist diejenige, die den eben beschriebenen Forschungen aus dem Symbolschatze, der Heiligenverehrung und den Logosideen der Kirche Vergleichspunkte bietet. In der Kirche ragt ja gewissermaßen eine Welt des Tabu und Totems höchst lebendig bis in die Gegenwart und letzten kulturellen Sublimierungen herein. Ich will nicht behaupten, daß die um das Urchristentum bemühte Philologie bereits irgendeine Verbindung mit den Ethnologen habe oder auch nur erstrebe. Ich möchte nur auf die Verwandtschaft und demnächstige Notwendigkeit gegenseitigen Einvernehmens hinweisen. Die Ergebnisse der Mysterienforschung und der Symbollehre werden dann ebensosehr zur Erhöhung des Kunstprestiges beitragen, wie die Untersuchungen, die den Stil der Naturvölker betreffen. Ein Werk wie Rémy de Gourmonts ›Latin mystique‹ (1892) gibt schließlich, indem es die Welt der Kirchendichter durch anderthalb Jahrtausende zurückverfolgt, eine Analyse des kirchlichen Formbegriffs. Und die pneumatologischen Stiluntersuchungen der Dieterich, Norden und Reitzenstein enthüllen eine hieratische Welt, in der das Pneuma etwas sehr anderes ist als Magie und Animismus im primitiven Sinne, in welcher der inspirierte Künstler aber nicht weniger als der Primitive das Wort als ein Gottwesen von unentrinnbarer Wirkung kennt.

III

Wie kommt es nun, daß zu solch hoher Einschätzung der Kunst im schroffsten Gegensatze die Geltung der Person des Künstlers steht? Frühere, begeisterte Zeiten übertrugen die Schätzung des Werkes auf die hervorbringende Person und waren geneigt, darüber sogar das Werk zu vergessen. In mancher edlen Freundschaft zwischen Künstler und Mäzen blieben uns Beispiele solch legendären Tatbestandes erhalten. Heute läßt sich ein umgekehrter Prozeß beobachten. Die Biographien und Briefsammlungen verlieren ihren harmlosen Charakter und ihren romanhaften Wert; sie nehmen an Bedeutung und Interesse ab, gerade wo es sich um überragende Persönlichkeiten handelt. Fehlt es dem Künstler an ebenbürtigen Gegenspielern, oder fällt das Interesse für Intimitäten den subalterneren Schichten zu? Ob ein Mann namens Lersch in einem Versbande seine Familiengeschichte erzählt oder ein namhafter Komödiendichter seine Bemühungen gegen das ›Plüschzeitalter‹ in einem freundlichen Überblicke zusammenfaßt: Wen bewegt es? Das Publikum bleibt überlegen. Der Glaube an die Wichtigkeit des Mitgeteilten ist dahin. Die Probleme werden nicht mehr von einem einzelnen gelöst; jedermann weiß es. Die Duplikate laufen in Mengen herum. Hat man es mit dem Urbild oder mit einem Doppelgänger zu tun? Wer weiß es noch? Wer aus der turba incondita vermag es noch zu beurteilen?

So scheint es, daß dem Künstler nur die Anonymität verbleibt. Daß er vorzieht, auf private Beziehungen zu seinen Empfängern zu verzichten. Daß er den daher rührenden Qualen vorbeugt, indem er die Übertragung des Interesses von seiner Privatperson auf sein Werk durch ein entschlossenes Harakiri erzwingt. Solche ›Sachlichkeit‹ war die Ursache der Künstler-Melancholie zu allen Zeiten. Das Gloria-Ideal, das Zilsel uns von den Alten und den humanistischen Dichtern entworfen hat (›Die Entstehung des Geniebegriffs‹, Mohr, Tübingen 1925), das Ruhm-und Erfolgsbedürfnis: an wen sollte es sich heute auch wenden? Wer sollte die Gloria verleihen? Es gibt keine Gesellschaft mehr, die das Zutrauen aufbrächte, Ruhmestitel zu verleihen. Gerade desjenigen Werk, der Wort, Farbe oder Ton nicht nur dekorativ gebraucht, sondern sich mit seinem Gegenstande identifiziert; für den also die Aufnahme seines Werkes eine Aufnahme oder Ablehnung seiner Person bedeutet; gerade das Werk des Künstlers, der seine Zeit befruchten könnte; der nach ihrem vergrabenen Gesichte sucht: gerade dieses Werk begegnet dem wirtschaftlichen Boykott, der ängstlichen Schablone, dem Mißverständnis, der vollkommenen Hilflosigkeit.

Die getrennt marschierenden Truppen, der neuen Formung und der neuen Theorie, sie haben sich noch nicht gefunden. Nur erst die Vorposten berühren sich. Zwischen der Direktive, zwischen den aufräumenden Bemühungen und dem neuen Werk steht der ganze alte Apparat, der in seiner Weise zwar ebenfalls von ›Sachwerten‹ ausgeht, nicht aber von solchen des Stils, sondern von solchen des Stoffes und des privaten Details. Fast die gesamte akademische Betrachtung urteilt noch in diesem Sinne und beweist damit ihre materielle Gebundenheit, wie sehr immer sie mit abstrakten Erörterungen und mit dogmatischen Postulaten den Nachweis ihrer Geistigkeit zu erbringen hofft.

IV

Fragt man die Künstler, woran sie leiden, so kann man immer wieder dasselbe hören. Sie haben keine Beziehung mehr zur Wirklichkeit. Das Band, das sie in früheren Zeiten mit der Gesellschaft einigte, ist zerrissen. Es ist keine Tragfähigkeit, kein Anknüpfungspunkt mehr vorhanden. Es finden sich, soweit überhaupt von einer distinguierenden Umgebung die Rede sein kann, kaum zwei Menschen mehr, die noch dasselbe glauben und lieben. An wen soll beispielsweise der Romancier sich wenden, wenn er sich nicht eingestehen will, daß seine ganze Kunstgattung dem Untergang verfallen ist? Wen soll er darstellen, ohne sofort in eine Mythologie zu geraten? Und auch die Selbstdarstellung: Wem soll sie bekennen, wenn sie sich überhaupt an die Öffentlichkeit wendet? Tasso konnte bekennen; es gab noch eine Instanz für Manieren und Sitten. Schon Rousseaus Bekenntnis schließt Bübereien in sich, die er plausibel zu machen versucht und weiten demokratischen Kreisen plausibel zu machen vermochte. Das Selbstbekenntnis einer proletarischen Zeit wird voraussichtlich dasjenige des Hochstaplers Ignaz Straßnoff sein.

Die Katastrophe, die wir durchleben, ist enorm. Die gesellschaftlichen Schichten verschieben sich von Tag zu Tag. Auch der Bildner, der Maler: sie finden sich einem abstrakten und imaginären Raum gegenüber, wie der Dichter sich einer abstrakten und imaginierten Gesellschaft ausgeliefert findet. Für wen soll einer seine Bilder malen? Für den Händler? Und wem gibt der sie weiter? Bleiben sie Schecks und Börsenwerte, und gehen sie als solche in unendlichem Kreislauf durch die Welt, oder werden sie schließlich irgendwo einmal aufgehängt, geschätzt und geliebt? Von wem dann? Wer wird es bis dahin sein? Der Bauer, der Bürger oder der Prolet? Zum Künstler gehört es wesentlich, daß er den Empfänger kennt und dessen Glauben, dessen Liebe, dessen Hoffnung in die Form mit einbezieht. Im Auswiegen des beiderseitigen Anteils beruht vielleicht das Geheimnis der Form. Wie nun, wenn der Künstler auf die Realität verzichten muß, wie er bereits auf seine Person verzichtet hat? Vermutlich erwirbt er sich daraus eine weitere Belastung seiner Melancholie.

Nimmt man aber als Empfänger eine ›normale Mitte‹ an, den Durchschnittsmenschen, den zeitgenössischen Demokraten, so kontrastiert die Breite des aufnehmenden Publikums unüberbrückbar mit der Enge und Konzentration der Form. Nur ein willfähriges Breittreten und Vergröbern könnte hier helfen. Merkwürdigerweise aber drängt gerade umgekehrt ein gewisses Etwas, nenne man es Selbsterhaltung, Zwang oder Vorsehung zu immer schärferem Erfassen des Substanziellen, zu einer thesenhaft gesteigerten Abgrenzung.

In den romanischen Ländern wird dies vielleicht weniger empfunden. Dort vermag sich noch immer der Romancier großen Stiles mit deskriptiven Mitteln zu behaupten, ohne auf eine exemplarische Gestaltung verzichten zu müssen. Das deutet auf das Vorhandensein eines traditionellen Gefüges, an das sich anknüpfen läßt; auf eine tragfähige Wirklichkeitsschicht, trotz aller Risse und Sprünge. In Deutschland ist das Problem brennender. Hier war der Geist zuletzt vielleicht wirklich nur noch als ›ideologischer Überbau‹ vorhanden, und dieser Überbau ist brüchig geworden. Neue ungefüge Gesellschaftsschichten brechen hervor, oder sie werden mit einer gleich unbekümmerten Brutalität unterdrückt. Die neuen Schichten haben wenig Sinn für Kunst und Finesse; für Distanz und Geschmack; für eine den errungenen Besitz verteidigende Lebensart.

Der Künstler, der auf Überlieferungen angewiesen ist, erscheint den Ankömmlingen als Romantiker, wenn nicht als ein verstiegener Narr. Er selber neigt dazu, sich unsicher zu empfinden. Entweder er selber hat, gleich Trofimowitsch in den ›Dämonen‹, die rohere Indifferenz gezüchtet, oder er geht, nach einigem Schwanken, mit Haut und Haar zu ihr über. Widersteht er aber und gibt sich Rechenschaft, so fühlt er sich zwischen zwei auseinanderstrebenden Motiven torturiert: zwischen einem traditionellen Erbe von Sitte, Schulung, Stil und Adel, und einem ringsum widerlich flutenden Triebleben, dem er bald mit einer Überbetonung des Ideals, bald mit einer Besinnung auf seine eigenen höhnischen Triebe zu antworten genötigt ist. Ein solcher Zwiespalt aber, der überlieferten Vorstellungen und der libidinösen Energie, ist allen Psychopathologen wohl bekannt. Die Termini dafür schwanken, je nach der Heftigkeit und der Dauer des Konfliktes zwischen Zwangsneurose, Hysterie, depressivem Irrsein und Dementia praecox. Mit anderen Worten: Das romantische Problem erweitert sich zu einem pathologischen.

V

Einige Worte über Romantik.

Man hat, in der Absicht, den Sinn des zeitgenössischen Bürgertums zu ermitteln, vielfache Anstrengung aufgewandt, den Geist der Romantik zu definieren. Der weitaus stärkste Versuch dieser Art war derjenige des Bonner Professors Carl Schmitt (›Politische Romantik‹, 1919). Die Problemstellung dieser Schrift bezog ihre Schärfe aus dem Gegensatze des denkbar unpolitischsten Themas. Schmitt suchte die Romantik aufzuräumen, indem er, ausgehend von Adam Müller, einen ideologischen Bogen nach rückwärts spannte bis zu Malebranche. Einen säkularisierten Gnadenbegriff der Descartesschule, den Okkasionalismus reklamierte er als das bestimmende Element. Indem er den schwächsten Punkt der Romantik, ihre Politik, angriff und die Romantik auf staatliche Normen bezog, hatte er leichtes Spiel, eine dilettantische Wertverwirrung aufzuzeigen. Sein Argument aber blieb eine Konstruktion; denn auch Goethe wäre dann, eignem Geständnis zufolge, Okkasionalist gewesen; das Gelegenheitsgedicht hielt der Herr Geheimrat für die erfreulichste Gattung der Lyrik.

Ex contrario könnte man sagen, daß die Romantik politisch nicht begriffen werden kann, weil sie gerade politisch nicht begriffen werden will; weil sie der Politik vorsätzlich widerstrebt. Die Bemühungen Adam Müllers haben einen ganz anderen Sinn als denjenigen, politische Normen zu setzen. Sie sind eher ein Versuch, die Politik durch Romantisierung aufzuheben. Wenn er sich dabei auf einige strengere Restaurationsphilosophen berief – als Feudalherren waren De Bonald und De Maistre doch gleichfalls Romantiker –, so war dies vielleicht nicht einmal ein Mißverständnis.

Auch zeitlich kann man die Romantik nicht aus dem Barock ableiten. Des Cervantes Roman ›El ingenioso hidalgo Don Quijote‹ enthält reichlich ein halbes Jahrhundert vor Malebranche das vollständige Programm der Romantik; ihren Geist, ihren Stil, ihren Okkasionalismus absurder Wortspiele und Antithesen; ihre ganze unreale und widersprechende Denkart; vor allem aber, wie sich dies schon im spanischen Titel kundtut, ihre Genielehre.

Nach Oscar Wilde umfaßt die Romantik »alle ernsthaften und tieferen Bestrebungen der Kunst seit dem Mittelalter«; seit also dem innerhalb und außerhalb der Kirche beginnenden Positivismus. Dies scheint mir der Sache näher zu kommen und würde letzten Endes besagen, daß alles außerkirchliche, prinzipielle Leben ein irrer Roman, ein Abenteuer ist, oder in ein solches mündet. Mit der Renaissance und ihren ingeniösen Entdeckungen, die man auch auf die innere Welt bezog, entsteht die Romantik und teilt sich der geistige Strom. In den Dichtwerken gestaltet sich eine phantastische, in den Systemen eine abstrakte Weltgesetzlichkeit, die schließlich einander sogar bekämpfen. Europa zerfällt, soweit es sich von der Kirche entfernt hat, in Intellekt und Vision. Insofern aber der Künstler als Visionär stets an ein Urbild gefesselt bleibt, streben die romantischen Geister aus dem Abfall zur Kirche zurück; betonen sie ihre genialische Weihe desto entschiedener, je unannehmbarer und gottverlassener sie den Alltag empfinden. Ihr Gegensatz als Hüter der illusionären und generösen Denkart führt sie zur Blague, zur Pose, zur blutigen Paradoxie. In der Bewegung des Dandyismus wird dies besonders deutlich.

Verzweifelte Versuche zielen jetzt darauf ab, die delikate Situation zu durchbrechen und der verwünschten Hypokrisie einen Zugang zur Wirklichkeit zu erzwingen. Ein Wüten beginnt wider die eigene suspekte Natur, wider das edlere, als Romantik empfundene Gewissen. Man sucht sich in Einklang zu setzen mit einer Triebwelt, deren Häßlichkeit ausgekostet und exaltiert wird, wie vorher der Traum und die Seligkeit. Wo man, den Romantizismus verwerfend, sich in die libidinöse Hölle versenkt, überschreitet man ebenso alles Maß wie auf der anderen Seite im Ideal. Byron entdeckt das ›Dämonische‹ und verherrlicht den Luzifer. Baudelaire, der Dichter des ›Albatros‹, stürzt sich in Opiumräusche und in exotische Laster. Wilde liebäugelt mit Homosexuellen und rüden Apachen. Nietzsche, den dithyrambischen Thyrsosschwinger, widerlegt die ›blonde Bestie‹. Freud, der sich eben in seiner ›Traumdeutung‹ noch als enttäuschten Beglücker und Philanthropen bekannte, lehrt die Inzestphantasie und die polymorphe Perversität auf dem Grunde der Kinderpsyche.

VI

Doch nicht nur der künstlerische, der kontemplative Mensch, zeigt diesen Konflikt. Denselben Anblick bietet der ›Normale‹ und zwar in dem Maße, in dem die Romantik zu einer Angelegenheit des Bürgertums überhaupt geworden ist. Die Symptome davon begegnen immer häufiger; ja sie treten im Alltag naiver, direkter, flagranter auf. Ein allgemeines Ideal scheint in Scherben gegangen zu sein; ein hohes, selbstloses, zärtliches Ideal. Je weniger dies empfunden und bewußt wird, desto schwerer gestaltet sich die Neurose. Jeder gehe seinen Bekanntenkreis durch und staune über die Fülle von unerklärlichen Gereiztheiten und Bindungen; über die Zerwürfnisse in

Ehen und Geschäften; über alle die Ausbrüche, Selbstmorde, Melancholien und Tränen.

Im einzelnen spielt sich dasselbe Erlebnis ab wie im Künstler. Dieser ist als Medium nur früher und komplizierter davon betroffen. Auf die strengere Beobachtung seiner selbst und der Umwelt verwiesen, ist er empfindsamer und rascher bereit, die Dinge auf sich zu beziehen. Aber es ist ihm ein Palliativ geblieben: er verfügt über die Kraft, seine Erlebnisse abzustoßen. Er scheint die Richtung zu geben, Modekrankheiten einzuführen, und ist doch nur sensibelster und darum erster Empfänger und Künder von Schicksalen, deren Lenkung durchaus nicht bei ihm liegt.

Die Neurose einer ganzen Epoche läßt sich kaum mehr verhehlen. Da der Begriff der Realität erschüttert ist, sucht die vertriebene Anpassung in den seltsamsten und zufälligsten Bindungen nach Ersatz. Was vor kurzem noch das Problem einzelner Exponenten war, ist heute das Problem ganzer Gesellschaftskreise. Zwischen scheu verschwiegenen, weltfremden Erwartungen und einem rücksichtslos und erschreckend vorhandenen Trieb, der sich trotz aller Verdrängung zur Geltung bringt, zwischen diesen beiden Extremen schwankt das Leben. Einer erhofft vom andern Stütze, Klarheit, Beruhigung, und jeder muß doch die Erfahrung machen, daß er selber der Hilfe und Sorgfalt dringend bedürftig ist. Man hat die häufige Beichte als Korrektiv genannt. Man hätte, für akute Fälle, auf den Exorzismus verweisen können. Es hat aber mit beiden Institutionen in diesem besonderen Falle seine eigene Bewandtnis. Gerade in Rom versicherten mir Priester, Beichtkinder zu haben, mit denen sie, ›einfach nichts anfangen‹ könnten; deren Zuständen und Konflikten sie auskunftslos gegenüberstünden. Was nützt der beste Wille, zu bekennen, wenn das erregende Moment sich dem Bewußtsein entzieht? Wenn die Verstrickung bereits zu Zwangsideen oder zur Hysterie gediehen ist? Der Beichtende wird sich vieler Dinge anklagen, aber das wesentliche Erlebnis, dessen Vortrag ihn befreien könnte, entzieht sich der Erfassung. Dazu kommt, daß nur auf dem Lande und in kleineren Städten noch jene vollkommene Bindung an die Kirche zu finden ist, die von Anfang an einer Verstrickung des einzelnen und der Gesamtheit vorbeugt.

Der Exorzismus aber, den die Aufklärung lächerlich zu machen versuchte, und der bei einer weitgehenden Rationalisierung des modernen Klerus auf Schwierigkeiten bei den Priestern selber stößt, der Exorzismus setzt, wenn er wirksam werden soll, eine noch innigere Hingabe an die Kirche voraus als sogar die Beichte. Mit dem Exorzismus sind Exerzitien verbunden, deren Sinn bei den klassischen Theoretikern der ist, die reine Glaubenskraft zu stärken und den Kranken ganz der gebietenden Person des Exorzisten zu unterstellen. Mit anderen Worten: Der Exorzist setzt die ideelle Herrschaft der Kirche und die absolute Anerkennung dieser Herrschaft voraus. Aus der Frühzeit des Christentums wird zwar berichtet, daß sich der Exorzismus als Gnadengabe oft auch an Heiden wirksam erwies. Es ist aber unentschieden, ob es sich hierbei um Katechumenen handelte, die im Begriffe der

Konversion standen, oder um Heilung völlig Ungläubiger, wie sie der Evangelist schon erwähnt.

VII

In einem merkwürdigen Parallelismus der Situation und ihrer Bedürfnisse hat unsere Zeit den Therapeuten, den Seelenarzt wieder entdeckt. Das Wort hat einstweilen noch einen etwas anderen Sinn, als es ihn etwa im ersten Jahrhundert hatte; doch horchen wir immerhin auf, wenn Philo in seiner Schrift vom ›Beschaulichen Leben‹ über den Namen der Therapeuten folgende Auskunft gibt: »θεοαπενται oder θεοαπεντοιδες heißen sie, entweder weil sie sich zu einer ärztlichen Kunst bekennen, welche die Seele von den durch die Leidenschaften verursachten Krankheiten befreit, oder weil sie von der Natur und den heiligen Schriften gelernt haben, Gott als die Realität zu verehren, die besser ist als das Gute, einfacher als das Eine und ursprünglicher als die Einheit.« Man hat nach ägyptischen Denkmälern den Namen der Therapeuten einfach als ›Gottesfreunde‹ interpretieren wollen. Der Widerspruch aber läßt sich dahin lösen, daß offenbar Arzt und Priester institutionell noch nicht geschieden waren, wenigstens in Fragen der seelischen Erkrankung.

Gab es schon dazumal eine Psychoanalyse? Es scheint fast so. In den Eingangskapiteln der Apokalypse finden sich Worte, die auf ein Wissen um ›Tiefenpsychologie‹ sehr wohl schließen lassen; ebenso in gnostischen Texten, wie naturgemäß in jeder theologischen Literatur, die von Anfängen und Paradiesen, von Auflösung und Wiedergeburt handelt. Die seelischen Erkrankungen zur Zeit der hellenistischen σωτηρ-Erwartungen erwecken den Eindruck einer weit verbreiteten Epidemie. Das Evangelium des heiligen Lukas birgt eine vollständige exorzistische Lehre. Nach Palladius hatten die ägyptischen Mönche mannigfache therapeutische Theorien. Zu Antonius Abbas bringt man seelisch Erkrankte, die nicht er selbst, sondern nur sein Mitbruder Paulus, seiner größeren ›Einfalt‹ wegen, heilen kann. Gregor von Nyssa spricht von der heimlichsten, innersten Krankheit, die zur Zeit Christi hervorgetreten, um im umfassendsten Sinne geheilt zu werden. Bruchstücke einer Libidotheorie finden sich bei jedem einzelnen der großen Asketen. Der heilige Theodosius, Erzvater der Mönche, erbaute sogar ein eigenes Krankenhaus für Einsiedler, ›die sich in die Wüste ohne besonderen göttlichen Befehl zurückgezogen hatten und da die Strafe ihres Stolzes, entweder durch Beraubung ihrer Sinne oder dadurch, daß sie vom Teufel besessen wurden, büßen mußten‹.

Heute geben die Erfolge der analytischen Neurosenlehre ein ungeschminktes Bild der seelischen Situation. Man mag entsetzt sein, wenn man die Schriften der Freud, Adler, Rank, Ferenczi und vieler anderer liest; die Literatur ist bereits unübersehbar. Man wird aber gestehen müssen, so ist unsere Zeit, und wäre sie schließlich nur in den Theorien dieser Männer vorhanden.

Die Methode des zeitgenössischen Therapeuten ist bekannt und oftmals dargestellt. Von der Annahme ausgehend, daß unbearbeitete, aber zur Einheit drängende Teilkräfte der Psyche vom Ich des Patienten abgelehnt und in ein hypothetisches ›Unbewußtes‹ verdrängt wurden, zielt die Kunst des Arztes darauf ab, die verurteilten Triebregungen aufzuspüren und sie bewußt zu machen. Dies geschieht, indem ihnen der Analysator zunächst zum Bilde (Traum, Symbol) und dann zum bindenden Worte verhilft. Die Anerkennung der verdrängten Wünsche kommt ihrer Aufnahme in das reale Weltbild des Erkrankten gleich. Die Beruhigung und endliche Heilung erfolgt durch die Herstellung einer vorher gespaltenen seelischen Einheit. Das Wesentliche dabei ist, daß das Gewissen des Leidenden, sein Ideal, sein Ich, seine überkommenen Anschauungen von Erlaubt und Unerlaubt, von Schönheit, Sitte und Recht gewöhnt werden, Tatsachen anzuerkennen, die *vor* der ärztlichen Behandlung als für ihren Träger unannehmbare phantastische Zumutungen abgelehnt und ins Unbewußte verwiesen waren. Da es sich meist um häßliche, abnorme, primitive und darum schreckende Vorstellungen des infantilen Trieblebens und der Pubertätszeit handelt, so ist der Arzt zugleich darauf bedacht, die romantischen Ansichten des Patienten herabzustimmen; sein Wissen um Leib und Seele reicher, tiefer, sachlicher zu gestalten und dadurch seinen Widerstand zu stärken.

Ähnliches versucht – und damit komme ich zum Thema zurück – der neuere Künstler, der damit sehr in die Nähe des Arztes rückt. Die Kunsttheorien der letzten Jahrzehnte, so verschlungen und wirr sie sich geben mögen, haben doch das eine gemeinsam, daß sie entschiedener als je eine Zeit vorher der Beschwörung innerer Konflikte dienen. Die unbekannt drohende Macht soll entladen und gefesselt, die getrennten seelischen Vermögen sollen gesammelt und in einem neuen Weltbilde vorgestellt werden. Der Künstler sucht das erschütterte Fundament zu sichern, indem er den innersten Phantasieraum abtastet und dabei auf die Grundformen der Anschauung stößt. Das konstituierende Element der Erscheinungen und damit alles Unheimliche der Traumwelt, doch auch ihr Gesetz – das letzte der Imagination erreichbare Gefängnis der Seele soll erfaßt und sichtbar werden. Mit dem Berufstherapeuten verglichen, vermag der Maler ganz anders die verdrängten Vorstellungen wachzurufen und im Symbole zu bannen, als der doch im ganzen auf seine Ratio und einen abstrakten Eingriff in den Mechanismus der Krankheit hingewiesene Arzt. Und ebenso vermag der Dichter, dank seiner Intuition und seines Wortschatzes, ganz anders alle Besetzungen der libidinösen und der romantischen Irrwege aufzustören und dingfest zu machen, als abermals der Arzt, der nur in seltenen Fällen und nicht ex officio über die Sprache verfügt.

Und also, um zusammenzufassen: die Kunst unserer Zeit ist therapeutisch bemüht, den Konflikt zwischen Dämon und Ich zu lösen. Sie treibt zu diesem Zwecke eine Analyse ihrer Stilmittel, die an die magischen Experimente der Alchimie gemahnt. Sie sucht eine Synthese, die die sublimsten Errungenschaften einer Überkultur und die verborgensten Leiden der inneren

Nacht in ihre Form einbezieht. Niemals ist eine Epoche dem Künstler günstiger gewesen, was die Notwendigkeit und den direkten, praktischen, den sanitären Nutzen seiner Kunst betrifft. Niemals aber war der Künstler auch so grausam in sein eigenes Selbst zurückverwiesen.

VIII

Bezeichnend ist ein jüngst erschienenes Werk, betitelt ›Bildnerei der Geisteskranken‹ (Berlin 1923). Der Verfasser, Hans Prinzhorn, ein Nervenarzt, erweist an einer Auswahl von 187 zum Teil farbigen Abbildungen aus der Sammlung der psychiatrischen Klinik Heidelberg die auffallende Verwandtschaft notorisch schizophrener Kunstübung sowohl mit der Gestaltungsart der Kinder und der Primitiven, wie mit gewissen Stilelementen bei Brueghel, Bosch, Kubin und in der Miniaturenmalerei. Der Verfasser weiß, daß die Aufstellung eines neuen Normbegriffes des Menschen nötig wäre, um seiner Publikation und der modernen Kunst überhaupt ihren Rang anzuweisen. Er verhehlt sich nicht, daß die Beziehungen »zwischen dem Weltgefühl des Schaffenden und des Geisteskranken« erst auf dem Boden einer Metaphysik der Gestaltung zum Austrag zu bringen wären, daß aber dazu erst in jüngster Zeit die Bausteine zusammengetragen werden. So muß er sich darauf beschränken, einen ›Beitrag zu einer künftigen Psychologie der Gestaltung‹ zu geben.

Prinzhorn versucht also keineswegs, die Kunst der Geisteskranken zu verstehen; er begnügt sich mit einer diskursiven Darstellung der schizophrenen Ausdrucksmittel (Spieltrieb, Schmucktrieb, Ordnungstendenz, Nachahmungstrieb, Symbolbedürfnis, Anschauungsbild, Physio- und Ideoplastik). Das eigentliche Formproblem fehlt; es sei denn, daß der Verfasser gelegentlich auf die beiden Komponenten des schizophrenen Konfliktes verweist, wobei atavistische (Sexual-)Triebe und die verletzlichsten kirchlichen Vorstellungen gleichermaßen als Quellen des Symbolschatzes erscheinen. Begreiflicherweise; denn auf der Versöhnung dieser beiden Komponenten beruht ja der Versuch des schizophrenen Künstlers, sich selbst zu heilen.

Dem weitaus größten Teil des beigebrachten Materials kann man das Prädikat einer einprägsamen Leistung nicht versagen. Gewisse Plastiken Karl Brendels würden sich in einer Ausstellung von Primitiven nicht unterscheiden. Die Heiligenmalereien Moogs, wenn sie als Glasfenster eines frühmittelalterlichen Domes erschienen, stünden weder nach ihrer Leuchtkraft noch nach ihrer Raumaufteilung hinter manchem Meisterwerk zurück. Nach einem sehr gründlich durchgeführten Versuch, eine spezifisch irre Note dieser Bildwerke aufzufinden, muß der Herausgeber gestehen: ein Unterschied zwischen dieser und der Kunst unserer Zeit ergebe sich nur darin, daß die eine ihre seelischen Einstellungen bewußt erstrebt, während bei der andern die gleichen Resultate zwangsläufig auftreten.

Hier wie dort führt der Zerfall des traditionellen Weltbildes, führt die Abkehr von der Wirklichkeit zu dem Bedürfnis, die gespaltene (schizophrene) Seele vermittels beschwörender Symbole, durch eine Vereinheitlichung der unter- und der überweltlichen Sphäre zu beruhigen. Der Geisteskranke kann dabei sogar als mystische Avantgarde gelten. Er hat den ›Vorteil‹, den ihm jeder Künstler neidet: in den Mutterschoß der Dinge eingekehrt zu sein, und seine wachen Sinne sind ihm doch geblieben. Er lebt in einer Welt direkter Wahrnehmung, in der die Wesen ihren inneren, unbeschwerten Lebgeist zeigen, und er kann, bestürzt, das Unerhörte doch noch fassen. Seltsam genug, daß er in seiner anonymen Abgeschiedenheit zu ähnlichem Gestalten kommt wie der bewußte Künstler. Wundersam aber ist es, daß eine Art tieferer Ratio nicht einmal von der Geisteskrankheit erreicht und zerstört wird; ja diese Ratio nimmt bei fortschreitendem Verfall der Sprach- und Deutfähigkeit eher noch zu.

So scheint mir dieses Buch von mehrfacher Bedeutung. Es bezeichnet den Wendepunkt zweier Epochen. Der Kranke belehrt die Gesunden. Kunst und Künstler haben das Höchstmaß ihrer Leiden erreicht. Der Kranke tröstet den Gesunden als den noch nicht der Dissoziierung Verfallenen, aber mit ihr Kämpfenden. Er tröstet ihn, indem er eine Einheit der Anschauungsformen in der fernsten Totemvorstellung des Wilden und den letzten Verwirrungen einer übervölkerten Kultur erweist. Er tröstet den Künstler, indem er zeigt, daß die intellektuelle Katastrophe den Kunst-(oder Heilungs-) Prozeß nicht zu stören vermag, sondern ihn fördert; daß also aller Voraussicht nach bei einer Verschärfung der jetzigen Situation die letzte Fackel der Menschheit, die Kunst, nicht verlöschen wird, fänden die Künstler sich auch in den Sanatorien wieder.

IX

Doch es ist an der Zeit, die therapeutische Ästhetik selbst ein wenig näher ins Auge zu fassen. Wenn Otto Rank in einer eindringlichen Studie ›Der Künstler‹ (Wien und Leipzig 1918) Recht behielte, würde der Künstler demnächst entbehrlich werden, weil, seine nur ärztliche Funktion vorausgesetzt, jeder sein eigener Künstler und Therapeut zu werden vermag. Das aber hieße annehmen, daß der entrollte Konflikt nicht eine Zeitkrankheit, sondern ein chronisches Leiden der Menschheit sei; hieße die Meinung verwerfen, daß es sich nur um ein Durchgangsstadium handeln kann.

Massenerkrankungen hat jedes Zeitalter gekannt. Der Begriff der Krankheit aber setzt doch wohl voraus, daß es eine Gesundheit, eine Norm gebe, an der die Erkrankung meßbar wird, oder daß eine solche Norm zum wenigsten denkbar ist und von einem unberührt gebliebenen, gesunden Punkte des erkrankten Organismus aus behauptet und erwirkt wird. Wie immer es sich damit verhalten mag: heute ist eine solche Norm und Gesundheit nicht sichtbar, oder zum wenigsten nicht glaubhaft zu machen. Der

Normbegriff ganzer Jahrhunderte ist erschüttert und eine neue Stabilisierung erst im Werden.

Es könnte sich eines Tages jedoch ergeben, daß sich der Schwerpunkt unserer Interessen verschiebt; daß wir den Blick, statt nach unten, nach oben richten und dadurch den höllischen Qualen entgehen. Der Zwiespalt zwischen den rohen libidinösen und den heftig widerstreitenden religiösen Trieben, als dessen Folge wir die Erkrankung kennenlernten, könnte seine Glut in dem Augenblick verlieren, in dem die transzendente Schicht nach dem Vorbilde der Exorzisten eine Stärkung, statt nach dem Vorbilde der Psychoanalytiker eine Schwächung erfährt. Es könnte sich ergeben, daß es sich bei der Erkrankung unserer Zeit um einen Einbruch dämonologisch begreifbarer Mächte handelt; um einen Zustand also, für den rigorosere Zeiten den Ausdruck der Besessenheit verwandten. Eine gewisse Willkür in der Deutung der Konflikte und schon in der therapeutischen Theorie, der Mangel eines jenseitigen Standpunktes, wie er aller ›rein psychologischen‹ Betrachtungsweise eignet, all dies läßt auf Widersprüche innerhalb der heutigen Ansichten und darum auf Vorläufigkeit schließen. Die Kunst der Ärzte selber entbehrt jener Einheit und Eindeutigkeit, die sie erzielen will und ohne die keine Heilung von Dauer bestehen kann.

Prinzhorn zum Beispiel vergißt, uns zu sagen, was er unter einem ›Geisteskranken‹ versteht. Vielleicht ist ein großer Teil der anonymen Künstler, die er vorführt, zwar krank und Insasse des Irrenhauses, aber durchaus nicht geisteskrank. Die Psychoanalytiker ihrerseits unterlassen, eine klärliche Definition der ›Psyche‹ zu geben, nach der sie sich doch nennen; sie geben gemeinhin nur Definitionen der Libido und der Triebe, des Ich und des Über-Ich, und auch hierin widersprechen sie sich untereinander und in sich selbst. Geist und Seele werden in fast der gesamten modernen Psychiatrie ununterbrochen willkürlich vertauscht. Zwei verschiedenen Namen müssen aber zwei verschiedene Sachverhalte zugrunde liegen. Der Konflikt zwischen Soma und Psyche steht im Vordergrund der Debatte; wie der Geist indessen zu definieren und gegen Soma und Psyche abzugrenzen sei, bleibt unklar.

Es muß befremden, daß die moderne Therapie die religiösen Fakten und die kirchliche Welt noch immer nur kausal und nach Gesichtspunkten der Psychophysik betrachtet; daß ihr der Mensch, und meist sogar nur der sexuelle, das Maß aller Dinge ist. Dem Arzte, der den Körper behandelt, ist das erlaubt; dem Seelenarzte sollte es verboten sein. Ähnliches läßt sich von den Theorien der Künstler und Ästheten sagen. Sie sprechen von Intuition und Inspiration und unterlassen doch die Frage, wer oder was inspiriert und in welche Gebiete des Lebens ihre Intuition reicht, welch andere Gebiete ihrem Formgewissen aber verschlossen bleiben.

Bedenklich muß schließlich stimmen, daß beispielsweise die führende Zeitschrift der Analytiker ›Imago‹ und nicht etwa ›Logos‹ heißt, und daß man zwar ein Werk vorlegen konnte, das die bildnerische, die imaginative Kraft der Schizophrenen erweist, nicht aber eines, das gleicherweise ihre sprachliche, philosophische oder gar theologische Kunstbefähigung zu belegen vermöchte. Gibt es verschieden zu bewertende Gestaltungsvermögen? In welchem Rangverhältnis steht die Malerei zur Dichtkunst und das Bild zum Worte? All dies sind Fragen, zu deren Beantwortung es einer oder sogar mehrerer Generationen bedürfen wird. Der einzelne kann nur versuchen, die Problematik aufzuzeigen und zu ihrer Bewältigung einzuladen.

X

Der Verfasser weiß, so sagte ich gelegentlich des Buches von Prinzhorn, daß die Aufstellung eines neuen Normbegriffes des Menschen nötig wäre, um seiner Publikation und der neuen Kunst überhaupt ihren Rang anzuweisen. Das ist ein Satz, der nachdenklich stimmt. Von welchem Normbegriffe geht die heutige Ästhetik und gehen, nachdem wir eine merkwürdige Verwandtschaft zwischen Arzt und Künstler festgestellt haben, die Seelenärzte, die Psychiater, aus? Aus der Fülle der Publikationen greife ich eine in Aschaffenburgs ›Handbuch der Psychiatrie‹ erschienene Schrift von Kurt Schneider (›Die psychopathischen Persönlichkeiten‹, Verlag Deuticke, Leipzig 1923). Seite 8 lese ich, daß der Künstler, »in dem später festzulegenden scharfen Sinne Psychopath sein *muß*«. Das Überdurchschnittliche sei mit dem Abnormen identisch. Man beginne, der Abartung nach oben wieder mehr Verständnis entgegenzubringen. Diese Psychopathen seien das Salz der Erde. »Wir halten uns«, so heißt es dann weiter, »an den quantitativen Normbegriff«. Wir, das heißt die Mehrzahl der zeitgenössischen Seelenärzte. Nach dem Juristen Mezger muß man »jede Abweichung vom tatsächlichen Normaltypus, jede Abnormität, naturwissenschaftlich als krankhaft, als pathologisch ansprechen«. Bei Moebius heißt Kranksein »schädlich, unerwünscht, minderwertig sein«. Für Schneider sind Psychopathen »solche abnorme Persönlichkeiten, die an ihrer Abnormität leiden, oder unter deren Abnormität die Gesellschaft leidet« (S. 16). Welche überragende Persönlichkeit leidet aber nicht an sich selbst, und an welcher solchen Persönlichkeit ›leidet‹ nicht die Gesellschaft? Es ist die Gefahr, daß das Leiden überhaupt als abnorm, als psychopathisch empfunden wird.

Zugegeben, daß sich der Durchschnittskliniker an eine quantitative, nach der Beschaffenheit der Majorität orientierte Norm halten muß. Nur sollten Theorie und Praxis dann auf den Durchschnitt beschränkt bleiben, einzig diejenigen Fälle umfassend, die der materiellen Norm entsprechen. Es gibt aber, wie Schneider selbst erwähnt, noch einen zweiten, teleologischen, einen Wertbegriff der Norm. Kant etwa hat zwei Arten der Norm unterschieden: nämlich die ›Normalidee‹, ein Gesamtbild der Gattung, eine Mitte zwischen Maximum und Minimum der Erfahrungstypen. Und im Gegensatze dazu den Idealtypus, die ›Vernunftidee‹. Es handelt sich bei ihr nicht mehr ums Durchschnittliche, Materielle, sondern ums Vorbildliche. Abnorm ist hier, was der Zweckerfüllung widerspricht; was in der biologischen Sphäre der Lebenserhaltung und Lebensförderung widerstreitet, und in der psychologischen Sphäre der Betätigung der Vernunft. Begriffe wie wahr, schön, gut erhalten erst damit ihren Sinn. – Was bei diesem zweiten Normbegriff überrascht, ist die Gleichsetzung von Psyche und Raison. Sie entstammt einer Zeit, in der man nur eine ›Vernunftseele‹ wollte gelten lassen, die ihren Endzweck individuell in sich selbst oder kollektiv im Staate findet. Das Irrationale gilt hier als abnorm und dem Psychiater für pathologisch, gleichviel, ob es der unter- oder der überbewußten, ob es der un- oder übervernünftigen Sphäre entstammt. Man weiß, daß Kant vor dieser Konsequenz nicht zurückschreckte, indem er das Gebet eine »leichte Anwandlung von Irrsinn« nannte.

Neben der biologischen und der psychologischen Sphäre findet sich indessen noch ein dritter Erfahrungsbereich, den ich den pneumatischen nennen möchte. Sein ›Zweck‹ ist die Gottesliebe; seine Phänomene gehören der heiligen Sphäre an. Es gibt drei Normen: Leib, Seele und Geist. Es gibt drei Reihen von Tatsachen, drei Lebensweisen, drei wissenschaftliche Typen, deren Bereiche, wie sehr sie einander durchdringen mögen, doch auseinandergehalten und getrennt betrachtet werden können. Die Gnostiker sprachen von Soma, Psyche und Pneuma, das Mittelalter von körperlichen, seelischen und geistigen Tatsachen. Mercier in seiner ›Psychologie‹ (deutsch bei Kösel, München 1906) nennt ›Materie, Leben und Göttlichkeit‹. Von diesen drei Reichen, denen man zu allen Zeiten und unter den verschiedensten Namen begegnet, hat jedes sein Sondergesetz, und es gibt Typen, die jeder einzelnen Normalsphäre in Reinkultur angehören. Doch läßt sich auch ein menschlicher Typus der Mitte denken, der mit gleicher Neigung und gleichen Bezügen jedem einzelnen der drei Bezirke angehört und sie in sich zusammenschließt. Dieser Typus, der Psychiker, der Künstler, könnte als die Norm des Menschen gelten; der Künstler nämlich seiner selbst, die Persönlichkeit. Es bedarf nur eines Blickes in die Literatur, um zu erkennen, daß unsere Zeit die Kantsche Gleichung von Psyche und Raison verwirft; daß sie die psychische Sphäre mit neuen Inhalten und Funktionen zu erfüllen sucht und sich dabei aller Vermengung von Seele und Geist widersetzt, freilich, ohne den Geist und die Vernunft sehr anders als nach kantischer Weise zu definieren. Bei einer Erweiterung der biologischen Welt nach der Tiefe hin stieß man auf Tatsachen, die immer dringender nach Abgrenzung verlangen. So steht man vor der Entscheidung, ob man auf die Begriffswelt ganz verzichten oder den Ausweg gehen will, sie dem Heiligen und der Kirche zuzuweisen.

XI

Um zunächst beim Somatischen zu bleiben: eine unbeseelte Welt der Sachen und Kräfte, wenn sie im Menschenbereiche sich denken ließe, wäre eine Welt des Chaos, des Todes und der Atome. Die Bestreitung der Seele, der konsequente Materialismus, ließe sich im Denkbezirke nicht einmal geltend machen, weil der sprachliche Ausdruck, auch in der primitivsten Gestalt, auf Einheiten angewiesen ist, die die Seelentätigkeit voraussetzen. Eine animalische Welt ohne Urteile und Vorurteile, eine Welt der puren Beobachtung und somatischen Funktion ist möglich; niemand aber wird behaupten, daß diese Welt ohne Seele ist. Die Seele wird nur nicht sichtbar werden; sie wird verdrängt, vergessen, unbewußt aber vorhanden sein. Die psychische Welt wird heute nicht bestritten, eher wird sie überbetont. Was bestritten wird, ist der dritte Normbereich, der geistige, in seiner Differenz vom seelischen. Läßt sich eine Welt der Dauer, der ewigen Urform aufrechterhalten, und welche Funktion käme ihr hinsichtlich der ihr untergeordneten seelischen Sphäre zu?

Die Psychologie ›naturwissenschaftlich‹ begründen, das hieße nach unserer Dreiteilung eine Norm auf die andere reduzieren, das hieße aus der Psychologie eine Physiologie machen; in der seelischen Therapie aber hieße es die Kompetenz des Arztes überschreiten. Die Norm des Seelenarztes muß innerhalb des psychischen Bereiches liegen, wie unbedingt immer seine Tätigkeit, seine Funktion beiden, der leiblichen und der seelischen Sphäre, zugleich angehört. Wollte der Psychiater seine Therapie nur nach der individuellen somatischen Norm einrichten, was wäre die Folge? Würde er heilsam wirken können, würde er helfen können? Ohne Zweifel gibt es Neurosen, deren Heilung darin besteht, den Kranken seiner ungestörten sozialen *Funktion* wiederzugewinnen, wobei man sich aber sofort erinnern wird, daß die soziale *Norm* heute durchaus nicht feststeht, sondern nahezu dem Gutdünken des einzelnen überlassen ist. Die gesellschaftliche Norm richtet sich nach der ästhetischen, die ästhetische sich nach der geistigen. Die geistige Norm aber gilt, wie wir sahen, für erschüttert. Daher kommen ja gerade die Erkrankungen, die Neurosen, des somatischen Menschen, des Bürgers, sowohl wie diejenigen des psychischen Menschen, des Künstlers. Gewiß, ein Instinkt für die Norm wird nie völlig verschwinden, aber der Willkür ist Tür und Tor geöffnet.

Ich sagte, daß es Neurosen geben könne, die der einfache Arzt zu heilen vermag, weil sie nur auf dem Konflikt einer individuell libidinösen Anlage mit der sozialen Umgebung, auf einem Kontrast naiver, aber verstrickter Sexualtriebe mit ›romantischen‹ Anschauungen des Patienten beruhen. Anders verhält es sich, wo den unbearbeiteten libidinösen Energien Verschärfungen aus der typischen und phylogenetischen Sphäre sich anhängen; wo der Kontrast sich nicht auf die somatische Norm, auf die Gesellschaft, sondern auf die typische Sphäre der seelischen Gestalt, auf die Kunst, bezieht. Solche Fälle können keine Heilung erfahren, indem man die überindividuelle, ästhetische Neigung des Patienten als Romantizismus behandelt, wenn auch zugegeben sei, daß das leibliche Wohl Voraussetzung des seelischen ist. Der Psychiater wird über eine gründliche Kenntnis der Gestaltungsneurose, das heißt der Persönlichkeits-, der Kunstprinzipien, verfügen und diese seinen Bemühungen zugrunde legen müssen, wenn ihm die Heilung gelingen soll. Auch die libidinösen Verfänglichkeiten des Künstlers sind andere, graduell tiefere, als die des Bürgers.

Ganz und gar verlegen wird der Therapeut aber sein, wenn ihm, wie vermutungsweise in der Paranoia und der Schizophrenie, Fälle schwerer Besessenheit begegnen, die auf einem Kontrast zwischen der dritten Normsphäre, des Heiligen, der Sakramente und der Welt der Dämonismen bestehen. Die moderne Seelenkunde ist nun wohl in eine Tiefe eingedrungen, in der die dämonischen Mächte zu Hause sind; darin besteht nicht zum wenigsten ihr sensationeller Erfolg. Keineswegs aber entspricht dieser Entdeckung ein ebensolches Wissen um die Kompensation, nämlich um die kirchliche und göttliche Norm, von der aus die Dämonismen allein zu bewältigen sind. In der Freudschen sowohl wie in der Jungschen Therapie bleibt das reichste Bemühen des Arztes der Natursphäre verhaftet. Mitunter nur, und bei Jung mehr als bei Freud, drängen sich Phänomene der ästhetischen und pneumatischen Therapie vor, deren Einordnung Verlegenheit bereitet.

Bezeichnend ist dann bei Freud (›Das Ich und das Es‹, Internat. Psychoanalyt. Verlag, Wien 1923) die Einführung eines Über-Ichs und des Todestriebes, sowie der fragwürdige Versuch, gleich dem Über-Ich das Schuldgefühl individuell zu begründen. Und bezeichnend ist, daß Jung (›Das Unbewußte im normalen und kranken Seelenleben‹, Rascher & Co., Zürich 1926) gelegentlich eines Falles von komplizierter Homosexualität einer Künstlerin auf eine ›transzendente Funktion‹, auf einen ›Dämonismus‹ stößt, der ihn hier wie in seinen beiden Hauptwerken zwischen einer individuellen und einer Kollektivlibido zu scheiden nötigt. Die Analyse seiner Patientin, auf Seite 116 bis 146 in aller Ausführlichkeit mitgeteilt, läßt erkennen, daß die Subjektstufe der Analyse mit aller Umsicht durchgeführt wurde, der somatische Normbegriff aber versagte. Schon Agrippa von Nettesheim hat übrigens (›De occulta philosphia‹) zwischen natürlichen und übernatürlichen Träumen und Gesichten unterschieden. »Bileam«, sagt er, »war in der Weisheit der natürlichen Träume so erfahren, daß er sie nach Belieben hervorrufen konnte, weshalb man ihn fälschlich für einen Zauberer hielt, denn die Schrift hält keinen Unterschied, sondern nennt alle Zauberer, die in natürlichen Dingen erfahren und nicht auch heilige Leute gewesen sind.«

XII

Vorausgesetzt, daß man jedem der Normcharaktere (Bürger, Künstler, Heiliger) eine besondere Persönlichkeit zusprechen darf, so ist jede dieser Persönlichkeiten, von der höchsten begonnen, Vorbild der andern, gemäß der größeren Fülle und Vereinheitlichung ihrer Funktionen und Vermögen. Gleich hierbei wäre zu sagen, daß der Begriff der Persönlichkeit selbst, als Urbild, der höchsten Normsphäre entstammt und innerhalb ihrer garantiert wird. Auch wäre gleich hier zu betonen, daß die Vereinheitlichung, welche die Heilung von Neurosen bewirkt, nichts anderes ist als ein Zusammenschluß vorher entzweiter, verdrängter, belasteter oder verletzter Zweckvermögen zur integralen Person. Dem Arzte, dem Künstler und dem Exorzisten ist es gemeinsam, daß sie den entfesselten Konflikt, der das normhafte Funktionieren der Lebensenergie behindert, daß sie diesen Konflikt durch Wiederherstellung der gestörten Harmonie und Freiheit heilen. Jeder dieser Typen ist dabei auf den speziellen Sinn seines Normbereiches hingewiesen: der Arzt auf die Gesundheit, der Künstler auf die schöne Gestalt, der Heilige auf die Liebe. Was freilich nicht ausschließt, daß die Typen sich kreuzen können: etwa im Seelenarzte, der dann Arzt und Künstler zugleich ist, oder im Exorzisten, der alle drei Normbereiche umfaßt. Am Künstler aber wird das Problem der Persönlichkeit besonders augenfällig und ist hier am leichtesten abzulesen. Er ist der umworbenste Typus, weil alle drei Normbereiche in ihm zusammenfließen und ihre Funktionen in ihm erkennen. In der Mitte stehend, vertritt er den Durchschnittstypus der Norm.

Verharren wir aber ein wenig bei dem Begriff der Persönlichkeit. Es bedarf nicht vieler Worte, um zu erweisen, daß jedermann lebt und eine Seele hat, aber nicht jedermann eine Persönlichkeit ist. Auch das zweite, daß jedermann ein Ich besitzt, aber nicht jedermann eine Persönlichkeit, wird zugestanden. Einer Unterscheidung aber bedarf es zwischen Individuum und Person. Die Individualität ist gleich dem Ich ein Naturbegriff, die Persönlichkeit nicht; Mercier nennt sie den formellen Grund der Individualität. »Daß das mit Vernunft und Freiheit begabte Individuum«, so sagt er (›Psychologie‹, II 316), »in ganz besonderer Weise den vollen Besitz seiner selbst bekundet, das ist der formelle Grund seiner Individualität.« Er scheidet nicht zwischen drei verschiedenen Persönlichkeitstypen, er bestimmt nur allgemein den Begriff der Person, wenn er sie »das Subjekt unverletzbarer Rechte« nennt, wenn er der Person die Attribute ›moralisch‹ und ›juristisch‹ zuweist. Er nennt es etwa »gegen die gesunde Vernunft und das Naturrecht«, wenn man Anspruch darauf erheben wollte, sich des Menschen als eines bloßen Werkzeugs, als einer Sache, res, zu bedienen. Für die menschliche Person charakteristisch erscheint demnach das Recht; das Recht nämlich, unter eigener Verantwortung an der Verwirklichung des Zweckes zu arbeiten, für den sie geschaffen ist. Wir haben nun gesehen, daß es der Zwecke dreie gibt: die Erhaltung des Lebens und der Art in der somatischen und politischen Sphäre; die Gestaltung der materiellen und seelischen Fakten in der künstlerischen; und die Pflege der Gottesliebe in der pneumatischen Sphäre. Alle diese Zwecke der Person aber sind durch das betreffende Gesetz bestimmt: durch das politische Gesetz in der natürlichen Gesellschaft, durch das ästhetische im Bereich der Kunst, durch das kanonische im Bereich der Kirche.

Von welcher Bedeutung die Persönlichkeit gerade für den Künstler ist, das mag ein Beispiel erhärten. Der Künstler hat die Norm der sozialen Welt zu gestalten. Das heißt: er hat die ihm aus der untergeordneten Sphäre entgegenkommenden Materien und Bilder in seinen Phantasieschatz einzutragen und dann mit Mitteln seiner Phantasie und den ihm aus der übergeordneten Sphäre zuströmenden Formelementen ein neues, feineres

Gebilde, das Vorbild, den Typus, aufzustellen. Sein Werk aber wird ihm, ohne daß er eine Persönlichkeit, und zwar der sozialen, ästhetischen und der religiösen Sphäre zugleich sei, das heißt über den freien Gebrauch der Mittel aller drei Normsphären verfüge, unmöglich sein. Versucht er, der Natur auf den Grund zu kommen, ohne an die Person des Schöpfers zu glauben, so wird er, je nach dem Vorwalten seines Gefühls oder seines Intellekts, entweder bei einem proteischen Chaos oder bei einer geometrischen Abstraktion sich beruhigen. Sucht er der Natur zu entgehen und im psychischen Bereich zu verbleiben, so wird ein individueller, unverdaulicher Symbolismus die Folge sein. Stößt er aber beim analytischen Teil seiner Aufgabe auf libidinöse Verdrängungen seiner eigenen Psyche, so wird eine Neurose manifest werden, die ihm entweder die Weiterarbeit vereitelt oder deren befremdliche Elemente er in die Gestaltung einbezieht. Prinzip der Gestaltung aber ist immer die Person. Heute, in der Zeit der Zusammenbrüche und der analytischen Vertiefung, sind die Künstlerneurosen an der Tagesordnung. Sie haben keine anderen Gründe als die Fragwürdigkeit der von der übergeordneten Norm gelösten Person des Künstlers selbst. Eine letzte, verzweifelte Möglichkeit bleibt, daß der Künstler, der auf Persönlichkeit nicht verzichten kann, zum Urbild seiner Neurose durchdringt und sich mit ihm identifiziert, also eine dämonische Person annimmt gleich denjenigen, die Jung aufzählt, wenn er davon spricht, daß unser Unbewußtes an der historischen Kollektivpsyche Anteil habe und ›natürlich unbewußt‹ in einer Welt von Werwölfen, Dämonen, Zauberern usw. lebe. Die Malerei, die visionäre Kunst, wimmelt bereits von solchen Gestalten; die Poesie wird ihr folgen.

XIII

Geht man dem Begriff der Persönlichkeit in der analytischen Theorie selber nach, so begegnen einem Überraschungen. Descartes, der Erfinder des cogito ergo sum und damit der autonomen, rationalen Persönlichkeit, hatte deren Funktion ganz in das Bewußtsein verlegt. Ihm gegenüber betonen die neueren Empiristen eine einfache Zusammensetzung von Bewußtseinszuständen oder von teils bewußten, teils unbewußten Fakten (vgl. Ribot, ›Les maladies de la personnalité‹, Paris 1885). Bei Freud spielt die Persönlichkeit, die mit dem Bewußtsein steht und fällt, kaum mehr eine Rolle. In ›Das Ich und das Es‹ ist von Trieben, vom Ich und vom Über-Ich, vor allem aber vom ›Es‹ die Rede, und dieses Es ist eine unbekannte Größe, ein Libido- und Bilderreservoir von unerschöpflicher Tiefe, das, wenn ich richtig verstanden habe, alle wünschenswerten Persönlichkeiten virtuell in sich enthält und ihre Herausbildung dem Arzte überläßt, je nach dem Normbereich, zu dem er oder sein Patient eine besondere Neigung bekundet. Das Bewußtsein ist »die Oberfläche des seelischen Apparates, d.h. wir haben es einem System als Funktion zugeschrieben, welches räumlich das erste von der Außenwelt her ist«. Das Bewußtsein ist, wie es gleich darauf mit einem

Anklang an die Ästhetik heißt, »die wahrnehmende Oberfläche«. In dem seinen Ausführungen beigegebenen Strukturschema (S. 26) trägt das Ich als Anhang ein Es mit sich, das wie ein Sack das Ich-System umgibt. Es ist lustig genug, in kabbalistischen Büchern die entsprechenden psychischen Schemata zu vergleichen. Was dort unendliche über- und unterpersönliche Sphären sind, die die Welt mit Perspektiven und Differenzen erfüllen, ist bei Freud zusammengeschrumpft auf ein simples Ich und ein Es, die beide im natürlichen Individuum beschlossen sind.

Von der Persona in den Werken des andern großen Analytikers, in den Werken C. G. Jungs, war eingangs schon die Rede. Die Frage ist indessen komplizierter, als ich dort andeuten konnte. Jung unterscheidet zwischen Seele und Psyche. »Unter Psyche«, sagt er, »verstehe ich die Gesamtheit aller psychischen Vorgänge, der bewußten sowohl wie der unbewußten. Unter Seele dagegen verstehe ich einen bestimmten, abgegrenzten Funktionskomplex, den man am besten als eine ›Persönlichkeit‹ charakterisieren könnte« (»Psychologische Typen«, Rascher & Co., Zürich 1921, S. 661ff., Definition 48). Unter Bezug auf Phänomene, wie Persönlichkeitsspaltung, Hypnotismus und Double conscience, setzt Jung sodann Persönlichkeit und Charakter einander völlig gleich (also auch Seele und Charakter), während beispielsweise ein an der Scholastik geschulter Psychologe wie Mercier dem Charakter in strengem Unterschied von der Person nur den Wert einer äußerlichen Symptomatik zumißt. Wenn Jung ferner zur ›Charakterspaltung‹ bemerkt, daß ein solcher Mensch »überhaupt keinen wirklichen Charakter habe, d.h. überhaupt nicht individuell sei, sondern kollektiv«, und wenn dann dieses wieder heißt: »den allgemeinen Umständen, den allgemeinen Erwartungen entsprechend«, dann befinden wir uns mitten in der somatischen Sphäre, und der Begriff der Persönlichkeit verschwindet entweder ganz, oder er sinkt zum proteischen Symptom der Anpassung herab. Der Charakter (die Persönlichkeit, die Seele) ist nach Jung individuell zwar bei jedem Wesen vorhanden, aber unbewußt, unausgeprägt. Durch eine mehr oder weniger vollständige Identifikation mit der jeweiligen ›Einstellung‹ täuscht der Mensch »mindestens die andern, oft auch sich selbst über seinen wirklichen Charakter, er nimmt eine Maske vor... Diese Maske, nämlich die ad hoc vorgenommene Einstellung«, nennt Jung Persona. ›Wer sich mit der Maske identifiziert, den nenne ich persönlich‹. Die Persona ist also »ein Funktionskomplex, der aus Gründen der Anpassung oder der notwendigen Bequemlichkeit zustandegekommen, aber nicht identisch ist mit der Individualität. Der Funktionskomplex der Persona bezieht sich ausschließlich auf das Verhältnis zu den Objekten« (S. 662–664).

Im selben Buche (den ›Psychologischen Typen‹) stellt Jung zwei menschliche Grundcharaktere, zwei Seelentypen, auf: den intro- und den extravertierten Typus, den Typus der nach innen und der nach außen gerichteten Libido. Er bemüht sich, beide Typen aus der Natursphäre zu einer sublimierten (kulturellen) Bedeutung zu erheben. Sein tieferes Bemühen gilt offenbar dem Versuch, den sozialen (extravertierten) und den psychologischen (introvertierten) Normtypus zu ermitteln und beide miteinander in Einklang zu bringen. Die mit großer Gelehrsamkeit geistreich auf bedeutende Dichter, Philosophen und Religionssysteme ausgedehnte Analyse gelangt jedoch nirgends dazu, den ›Charakter‹ über die Maske hinaus zur Persönlichkeit zu erheben und die letztere als Garantie einer Norm erscheinen zu lassen. So bleibt ein großartiges Unternehmen ganz im Proteischen einer Ideenschau stecken. Auf einer Art Synthese der beiden Charaktertypen sollte ein symbolisch-ästhetischer Kulturbegriff begründet werden. Es blieb aber zweifelhaft, nach welchem Maßstabe und Einheitspunkte hin sublimiert werde, es sei denn der allgemeinste der Sublimierung selbst und ihres Bezugs auf die Gesellschaft. Das ist der Geniebegriff der Romantik, und in der Tat steht Nietzsche überall im Mittelpunkte der Betrachtung. De facto aber hat bei gleichgerichteten Versuchen und Voraussetzungen das Leben der Hölderlin, Nietzsche, van Gogh u.a. die Auflösung der Person und das Verschlungenwerden des Individuums durch die Kollektivpsyche ergeben.

Stärker scheint die Persönlichkeit bei einem andern der ersten Freud-Schüler, bei Alfred Adler, zur Geltung zu kommen. Der ›Machttrieb‹ begründet hier die Neurose in einem Konflikt mit der Organminderwertigkeit. Die Person ist indessen bei Adler ganz ähnlich wie bei Jung ein ›Arrangement‹, eine Täuschung, die nur dem Willen entspringt, ›obenauf‹ zu sein. Moral und Tugend dienen nicht selten dazu, nur die Anerkennung der Umwelt zu erzwingen; die Person versucht eine Emanzipation gerade von Minderwertigkeiten moralischer und zuletzt sexuell-organischer Natur; diese versteckte Minderwertigkeit enthüllt sich in der Analyse. – Sosehr von Freuds Grundansichten verschieden ist die Adlersche Methode nicht. Auch sie führt zur Sexualbasis zurück. Die Selbstbehauptung des Individuums, das auch hier nur als Naturtypus betrachtet ist, sein ›Wille zur Macht‹, der sich als ›männlicher Protest‹ in Lebensführung, Charakterbild und Neurose kundgibt, dieser männliche Protest ist nach Freud (›Neurosenlehre‹, Hugo Heller Verlag, Wien 1918, S. 61) nichts anderes als »die von ihrem psychologischen Mechanismus losgelöste Verdrängung«. Man kann dieser Kritik zustimmen; gleichwohl wird man bei Adler wenigstens den Instinkt für die Persönlichkeitsbestrebungen nicht leugnen können. Verkehrt erscheint nur die Konsequenz, die Adler zieht. Statt das natürliche Bestreben des Individuums nach Charakter und Person anzuerkennen und noch in der ›Minderwertigkeit‹ die Norm zu ermitteln, wird der ›Machttrieb‹ als eine Attrappe in die Minderwertigkeit aufgelöst und der natürliche Heilinstinkt des Individuums unterbunden. Die Reduzierung der phantastischen Wege auf die natürliche Anlage mag den Patienten zunächst beruhigen. Sein Ich-Ideal, die Persönlichkeit, wird aber entweder einer noch heftigeren Depression unterworfen, als es bereits der Fall war, oder es wird völlig zerstört. Der Widerstand, den der Patient bei der Analyse entwickelt, ist in dieser Hinsicht sehr begreiflich.

Die Persönlichkeit kommt, das ist das Resultat unserer Untersuchung, in der psychoanalytischen Theorie schlecht weg. Als Somatiker können diese Therapeuten einen nicht naturhaften, sondern metaphysischen Wert, wie die Persönlichkeit ihn darstellt, nicht gelten lassen. Gleichwohl gehört die Störung der Persönlichkeit zu den Ursachen der Neurose, ja sie bedingt vielleicht die Erkrankung. Nur die Integrierung, Wiederherstellung, wenn nicht die Neubildung der Person kann demnach die Neurose heilen; die Beziehung der Symptome auf eine moralische Einheit ist notwendige Voraussetzung, handle es sich um die Therapie des Arztes, des Künstlers oder des Exorzisten. Freilich ist für alle drei Berufe die intime Kenntnis der libidinösen Anlage, vor allem der eigenen Person, Erfordernis. Die Natur hilft sich, sobald die Verstrickung gelöst ist, in den meisten Fällen selbst. In jenen Fällen aber, wo die Normierung nötig wird, wo die Person verletzt, nicht nur verdrängt ist, bedarf es ihrer prinzipiellen Bestärkung, je nach der Normsphäre, der sie angehört, und es scheint dann fraglich, ob das pure Wissen um die Bedingungen und Prinzipien genügt. Der Patient wird ein feines Gefühl dafür haben, ob der Arzt jene Sicherheit der Person besitzt, die der *Repräsentation* seines Normcharakters entspricht. Es ist kein Zweifel, daß davon vor allem die Schnelligkeit der Heilung abhängt. Es ist bekannt, daß Heilige, wie Bernhard von Clairvaux und viele andere, wo sie als Exorzisten auftraten, eine Besessenheit (Teufelsneurose nach Freud) oft durch ihr pures Auftreten zu heilen vermochten. Der Kranke empfand die Geschlossenheit ihrer heiligen Person so unwiderstehlich, daß er durch einen Anblick allein seinen libidinösen Verstrickungen (der Macht des Teufels) entrissen war.

XIV

Bot die analytische Theorie für den Begriff der Persönlichkeit nur eine spärliche Ausbeute, so bietet sie dafür, unter dem Aspekt einer Vertiefung des seelischen Mechanismus und der menschlichen Natur, eine Entdeckung, die man vom Normcharakter des Pneumatikers aus nicht anders als dämonologisch begreifen kann. Der Hierarchie der Engel und Priester entspricht eine ›Hierarchie‹ der Dämonen. Den Energiebegriff dieser Schichten nennt die Psychoanalyse ›Libido‹. Das subliminale Seelenleben besteht aus einer vielfachen Stufung von Systemen oder Komplexen, einer Stufung, auf die zuerst Janet und Paulhan hingewiesen haben. Freud in seiner Neurosenlehre nimmt in der Hauptsache drei libidinöse Schichten an: die multiforme Perversion der Kinderlibido, eine Zeit der noch nicht oder überall lokalisierten Sexualkraft; den Narzismus mit seinen homosexuellen Komponenten; und den Inzestkomplex als die erste Übertragung der Libido auf ein männliches oder weibliches Objekt. Es ist nur eine Konstruktion, aber man könnte annehmen, daß jeder dieser drei Libidostufen eine typische Neurose (des Heiligen, des Künstlers, des Bürgers) entspricht, wenn die normale Übertragung und Entwicklung gestört wird. Dann dienen Symbole, Bilder und Träume dazu, verdrängte Libidomengen abzustoßen, d.h. in Fehlleistungen zu sublimieren.

Man entdeckte indessen sehr bald, daß die Träume, Bilder und Symbole nicht nur individuelle, sondern kollektive Bedeutung haben können, daß die Konflikte des Individuums unter gewissen Umständen (je nach der Stärke der Verdrängung und der Introversion) eine phylogenetische Bedeutung annehmen, das heißt, daß die Libido dann ihre Symbole aus der Entwicklungsgeschichte nicht nur des Individuums, sondern des Typus und der Menschheit nimmt. Jung hat (in seinem Buche ›Wandlungen und Symbole der Libido‹, Verlag Deuticke, Leipzig und Wien 1925) es sich vorzüglich angelegen sein lassen, die kollektive Traum- und Symbolwelt zu entfalten. Gleich vielen ihm verwandten Forschern (Rank, Reik, Ricklin, Abraham, Jones) zog er besonders die Dichtung und Mythologie zur Deutung der seelischen Konflikte heran. Alles aber hing nun davon ab, eine neue Symbollehre aufzustellen und die kollektiven Imagines, die das Unbewußte mit sich führt, zu lokalisieren. Auf Jungs großangelegte Interpretation der religiösen und ästhetischen Symbolwelt einzugehen, ist hier nicht der Ort. Der Autor versucht überall, zu den sogenannten Urbildern durchzudringen, wobei ihn eine vollkommene Gleichstellung christlicher, heidnischer und prähistorischer Archetypen leitet. Gerade darauf scheint es ihm anzukommen, die gleichartige Funktion der Libido, ihren transzendenten Mechanismus, aufzufinden, der insofern dem Freudschen nachgebildet ist, als er die typischen Vokabeln des Meisters (Verdrängung, Regression, Übertragung) verwendet. Es blieb Jung nicht verborgen, daß es sich bei der Phylogenese in der Mehrzahl um pneumatische Charaktere handelt, also um genau dasselbe, was der Christ ›Dämonen‹ nennt, und diese christliche Bezeichnung taucht bei Jung oft genug auf. Nur eben betrachtet er das Christentum selber bereits dämonologisch, das heißt als ein leeres, dem Untergang überliefertes System. Das macht ihm die Scheidung von göttlichen und dämonischen Charakteren unmöglich.

Die Schichtengliederung dieses heute aus allen Zonen und Zeiten, aus den Neurosen und dem Infantilleben zuströmenden Materials müßte vollzogen sein, um eine neue Tabelle der Unterwelt, eine moderne hiérarchie infernale, darzustellen. Unsere Psyche trägt nach Jung den Symbolschatz der fernsten, versunkensten Zeiten noch in sich, noch immer jene ungeheuren Zeiträume der Sonnengötter und Erdgöttinnen, nach Ferenczi (›Versuch einer Genitaltheorie‹, Intern. Psychoanalyt. Verlag, Wien 1924) sogar die frühesten Schichten der physischen Genesis. Die Schwierigkeit, eine brauchbare Tabelle aufzustellen, wird wohl in absehbarer Zeit eine Lösung finden. Es ist anzunehmen, daß man dann eine Art Norm-Dreiteilung wie für die individuellen Schichten, denen sie entsprechen und an die sie anschließen, auch für die kollektiven Charaktere anzuwenden vermag. Jung bereits nennt einen individuellen (somatischen) und einen kollektiven (symbolischen) Bereich des Unterbewußten. Vielleicht ist es erlaubt, sein ›Kollektives‹ zu trennen, und zwar in dem Sinne, daß man die symbolischen (Typen der Dichter und Künstler) von den pneumatischen (Typen der versunkenen Religionen) unterscheidet. Je tiefer man aber in das atavistische

Bilderverließ eindränge und Gliederungen vorzunehmen genötigt wäre, desto höher wäre kompensativ die Persönlichkeitsgliederung zu gestalten. Die Engelshierarchien des Dionysius Areopagita mögen einer der unsern sehr verwandten Zeit des magischen Synkretismus ihre Entstehung verdanken.

XV

Vergleicht man die Psychoanalyse mit der Dämonologie der Kirche, so ist die Libido vom Teufel und die Neurose von der Besessenheit nicht sehr verschieden, nur daß die Kirche ganz anders an der Persönlichkeit festhält. Die Existenz einer dämonischen Welt ist ausdrückliche Glaubenslehre (Trid. sess. V can. I und sess. VI ep. I). In Sünden geboren werden und unter der Botmäßigkeit Satans stehen, ist den Vätern und Lehrern gleichviel. Wenn der Mensch Gott abtrünnig geworden sei, so übe mit vollem Recht der Teufel seine Herrschaft über ihn aus. Infolge der Erbsünde, des Abfalls vom Gottesgebot, ist Satan der Fürst dieser Welt, ist die Welt sein Reich. Ebenso aber wie der Mensch durch den Sündenfall dem dämonischen Einfluß ausgeliefert ist, so ist er durch die historische Erscheinung Christi, seinen Opfertod und seine Auferstehung, der allgemeinen Herrschaft des Satans entzogen worden. Mit eigentlicher Besessenheit (Neurose) hat der Zustand der Erbsünde und außerkirchlichen Existenz nach der Meinung der Theologen nichts zu tun. Die Besessenheit droht dem Abtrünnigen nur; er ist in Gefahr, ihr zu verfallen. Typisch ist für diese Fragen die Auffassung des Exorzismus bei der Kindertaufe. Gelten die Kinder vor der Taufe für Besessene? Die Formel spricht dafür, aber man hat es bestritten. In den meisten Fällen entzieht sich ihr innerer Zustand ja der Beurteilung; die Kirche aber scheint für die Möglichkeit Vorsorge getroffen zu haben.

Hören wir nun die eigentlich exorzistische Theorie. Zum Thema äußert sich als erster ausführlich Tatian. Er sieht die Ursachen der Krankheiten zunächst in einer Unordnung der körperlichen Zustände. In diese natürlichen Verhältnisse mischen sich, so meint er, die Dämonen ein; durch den Logos werden sie vertrieben. Lactantius weiß, daß die Dämonen »mit Träumen die Seelen schrecken, mit Wut die Geister erschüttern«. Augustinus sagt, daß sie denjenigen, die sich »verkehrterweise in irdische Güter vernarren und deren moralischer Zustimmung sie sicher seien«, gefährlich würden. Man wußte, daß die Symptome schwänden, sobald die Dämonen ihre Wirksamkeit eingestellt hätten. Man wußte ebenfalls sehr wohl, daß es sich zum Teil um individuelle, zum Teil um kollektive Charaktere handelte. Hermas, Tertullian, Gregor von Nazianz, Petrus Lombardus u.a. nehmen für jeden *einzelnen* Menschen einen besonderen Dämon als Versucher an. Ähnlich ist die Meinung des Origenes, wenn es nach ihm Hauptdämonen ebenso viele als Hauptkeime zum Bösen (libidinöse Neigungen) im Menschen gibt, die unter Mitwirkung des Bewußtseins zu Todsünden werden. Der Übergang zu den *Kollektiv*anschauungen zeigt sich, wenn man Origenes weiter folgt. Derjenige, der eine Todsünde begeht, wird dem dahinterstehenden Dämon besonders zu eigen (consecratus). So kann es geschehen, daß man so vielen Dämonen hörig werde, als man verschiedene Sünden begehe und in den einzelnen Vergehen sich zu den *Mysterien dieses oder jenes Idols* bekenne (in Num. hom. 20 n. 3). Die Dämonologie bezieht sich hier ausgesprochenermaßen auf Mysterienkulte, Ideologien und die pneumatische Sphäre. Aus Göttern der umgebenden Kulte, die meist Fruchtbarkeitskulte, mancherorts hermaphroditische, sogar Inzestkulte waren, sind Teufel geworden.

Theodor Reik hat in einem interessanten Werke (›Der eigene und der fremde Gott‹, Intern. Psychoanalyt. Verlag, Wien 1923) das hier zugrunde liegende Phänomen als eine Ichspaltung und Verdrängung völkerpsychologisch zu entwickeln versucht. Es liegt kein Grund vor, Tatsachen zu bestreiten. Die Ichspaltung ist der jeglichem Urteil zugrunde liegende Akt, die Verdrängung aber ist eine solche dann nicht mehr, wenn der vernünftige Teil des verurteilten Erlebens ins Bewußtsein aufgenommen ist.

In diesem letzteren Sinne sagt Dionysius Areopagita von den Dämonen: »Was sie wesentlich sind, das sind sie aus dem Guten, und das sind sie in Gott. Das Böse in ihnen stammt aus dem Abfall von dem ihnen eigenen Guten.« Die Dämonen sind Persönlichkeiten der gestürzten Kulte, oder sie hängen mit Symbolen, Bildern und Gebrauchsgegenständen dieser Kulte zusammen. Wer Götzenopferfleisch aß, nahm damit in urchristlicher Zeit auch den dämonischen Geist in sich auf. Ebenso galten die Ketzer als Diener und Eigentum des Teufels. Die dämonischen Phantasmata, von denen der hl. Ambrosius spricht, kommen aus dem individuellen und phylogenetischen Bilderschatze der Phantasie. Wenn wir annehmen, daß die Primitiven überhaupt nur Kultbilder kennen, daß die ›participation mystique‹ (die Magie) auf der Kultweihe beruht, so ist dies zugleich die Erklärung dafür, weshalb diese Bilder sich dem Gedächtnis der Menschheit überhaupt so tief eingeprägt haben.

»Die Entwertung«, sagt Jung, »und die Verdrängung einer so starken Funktion wie es die religiöse ist, hat natürlich beträchtliche Folgen für die Psychose des einzelnen. Das Unbewußte wird nämlich durch den Rückfluß dieser Libido (Seelenkräfte) außerordentlich verstärkt, so daß es anfängt, mit seinen archaischen Kollektivinhalten einen gewaltigen, zwangsmäßigen Einfluß auf das Bewußtsein auszuüben.« Mit anderen Worten: die Entwertung des religiösen Aktualbildes verstärkt die Bedingungen der Besessenheit. Zwischen beiden Bildreihen besteht nun eine Spannung der libidinösen Energie, die mit der für das Leben und die Norm notwendigen Präsenz und Einheit unverträglich ist. Petrus Chrysologus faßt dieses Spannungsverhältnis in das Wort: »Diabolus mali auctor... rerum hostis, secundi hominis semper inimicus... stimulat corpora, pungit animas, cogitationes serit, immittit iras, dat virtutes odio, vitia dat amori, errores serit, discordias nutrit... affectus dissipat, conscindit unitatem...« (Sermo 11, Migne LII 219). Nach Abbas Serenus erfolgt die Besessenheit erst, nachdem die Dämonen vorher das Denken und Sinnen des Menschen vergiftet haben. Die Vertreter der Scholastik, Thomas, Bonaventura, negieren dabei die Möglichkeit des Eindringens der Dämonen in die Seele und sehen in der Besessenheit lediglich eine Besitzergreifung des menschlichen Körpers durch die Eindringlinge. Die anima hierarchizata kann nicht selber zum Dämon werden, sie wird nur umsessen und verdrängt von ihrer normalen Funktion. Daß es aber dieselben Einbrüche einer subliminalen, libidinösen und atavistischen Welt sind, die hier wie dort vorliegen, geht zur Evidenz aus den Exorzismusformularen der verschiedensten kirchlichen Zeiten hervor. Der Dämon heißt hier: immundissime spiritus, inveterator malitiae... qui fraudibus, sacrilegiis, stupris, caedibus gaudes. Oder er heißt: insatiabilis homicida, draco inveterate, proditor gentium, homicidii princeps, auctor incesti, haereticorum doctor, totius obscenitatis inventor. Aus der Mitte des 11. Jahrhunderts ist ein Formular erhalten, in welchem mit direkten Worten steht: »Tu mentes... dissolvis libidine« (Franz, ›Die kirchl. Benediktionen des Mittelalters‹, Herder, Freiburg 1909, II 612).

Von den Unterschieden der hauptsächlichste ist die Einstellung zur Persönlichkeit. Nach Tatian werden die Dämonen durch den Logos vertrieben. Der Logos aber wird der Seele durch das Sakrament der Taufe eingeprägt. Ein aus der Wende des 4. zum 5. Jahrhundert stammendes Gebet (bei Jacoby, ›Ein neues Evangelienfragment‹, Straßburg 1902, S. 32) lautet: »Die Herrschaften und Mächte und Herren der Finsternis... nicht mögen sie Macht haben gegen das Bild, weil es aus der Hand deiner Gottheit gebildet wurde« (das Bild, aus der Hand der Gottheit gebildet, das setzt das Gestaltungsprinzip, die Persönlichkeit, und zwar des Formenden sowohl wie des Geformten, voraus). In etwa derselben Zeit ist das ›Leben des Antonius‹ entstanden, das Leben desselben Antonius, der die vielen dämonischen Versuchungen hatte und sie siegreich überstand. Nach dem Autor dieses Buches, dem hl. Athanasius, ist der Getaufte die christliche Person; mit der Aufprägung des Pneuma in der Taufe ist den dämonischen Gewalten der Zugang zur Seele verwehrt; durch die Taufe ist aus dem Liebhaber Christi sein Streiter geworden. Bischofsberger (›Die Verwaltung des Exorzistats‹, Leutkirch 1884) erwähnt Fälle, in denen der Dämonismus nur durch die Taufe überwunden werden kann. Und Ubald Stoiber in seinen ›Armamentarium ecclesiasticum‹ erzählt von einer Besessenheit, wobei der Exorzist, da keinerlei kirchliches Mittel verfangen wollte, in einer plötzlichen Eingebung ausrief: »Ich glaube, der Mann ist nicht getauft« (kein Einheits-, kein Persönlichkeitskern war vorhanden, an den die kirchlichen Mittel hätten anknüpfen können). Die Befreiung aus der Herrschaft Satans ist allgemein durch den Tod Christi errungen und durch seine Auferstehung vollzogen worden; die Taufe aber ist das Sakrament der Wiedergeburt in Christi Namen.

XVI

Die Konfrontation der analytischen und der kirchlichen Theorie ergab, in welch fundamentalem Punkte die Lehre der Kirche von den Lehren der Psychiater abweicht. Bei den letzteren hat die Persönlichkeit kaum mehr als eine Maskenbedeutung, bei der Kirche dagegen ist sie Voraussetzung der Heilung und zugleich ihr Ziel. Die Konfrontierung ergab aber des weiteren, daß eine Welt der Bilder feindselig gegen die Norm aufsteht, eine Welt der Bilder und Urbilder verschiedenster Herkunft. Die geringe Einschätzung der Persönlichkeit könnte man historisch damit erklären, daß die Begriffe von Seele und Geist, für identisch erklärt und völlig an den Staat gebunden, allgemach von einer Unzahl romantischer und romantisierender Kritiker als hohl, unmenschlich und unästhetisch zugleich empfunden und benannt wurden. Nur bliebe dabei zu beachten, daß die geistige Nährmutter der Romantik ursprünglich das Mittelalter und die Kirche war; daß jenes ›Zurück zu den Ursprüngen‹, das heute in weitestem Sinne die Magie wieder heraufführt, nur als Versuch erscheinen kann, das Bild der Mutter auch in der *natürlichen* Phylogenese zu verstehen. Wie immer es sich damit verhalten mag, eine Feindseligkeit der Symboliker gegen den ›Geist‹ zeigt heute eine ganz neuartige Schärfe und beginnt sich mehr und mehr auszuprägen. Es verlohnt darum der Mühe, bei den beiden gegnerischen Positionen ein wenig zu verweilen. Es müssen sich, nachdem von der somatischen Normsphäre bereits die Rede war, bedeutsame Einblicke auch in die psychische und die pneumatische Norm ergeben.

In das Zentrum dieser Fragen führt ein Buch von Bernoulli (›J. J. Bachofen und das Natursymbol‹, Schwabe & Co., Basel 1924). Von Basel hat die Kirche im letzten Jahrhundert manch namhaften Anstoß erfahren, das kann man nicht anders sagen. Basel ist die Stadt der Humanisten und des Erasmus. Von Basel kam Jakob Burckhardts sehr gegensätzlich bewußte ›Kultur der Renaissance‹. In Basel entdeckte Nietzsche den gegen die Kirche gerichteten Begriff des klassischen Philologen, sein Dionysiertum und seine protestantische Herkunft. In Basel lebte und wirkte J. J. Bachofen, der Totengräber der antiken idololatrischen Welt. Nun kommt von dort C. A. Bernoullis Bachofen-Buch, mit dem sein Autor sich in der nachdrücklichsten Weise zum Chorführer der gegen die Logik und das Bewußtsein, damit leider aber auch der gegen den Logos, die Sprache und die Person gerichteten Zeittendenzen macht. Es ist im Grunde dieselbe Feindschaft der klassischen Philologie geblieben, die schon zur Zeit des Erasmus bestand; nur ist ihr jetzt sogar Nietzsche zu uranisch, zu zarathustrisch, zu sehr dem Lichte verschworen, zu intellektuell. Der inveteratus hostis geht tiefer zurück: in den Uterus, in die Gräber, in die Sümpfe; er führt die ›Vergangenheitsseelen‹ herauf und gliedert sich in ganzer Breite alle verwandten imaginativen, chthonischen, mythographischen Bestrebungen an. Kampf der Vater-Imago, so lautet die Parole, Kampf der Norm und bewußten Form.

Worum es sich im Grunde handelt, das ist der Gegensatz von Bild und Wort (Imago und Logos), ein Gegensatz, der sich, um es gleich vorweg zu sagen, in der Persönlichkeitssphäre nicht findet, der aber wichtig genug auch in seiner Feindschaft ist. Wir sind damit beschäftigt, die psychologische, die Mittelwelt auf der Kontemplation wieder aufzubauen und aus diesem Bereich die soziale Zweckwelt, an deren Spitze die abstrakte, die mathematische Vernunft stand, degradierend zu verbannen. Wir wissen heute und wissen es immer mehr, daß die Welt des betonten Wissenskultes nur eine Welt der Materie, der Erfahrung, der äußeren Objekte und ihrer letzten schematischen Ausprägung war; daß diese Welt, die den Aristotelismus bis zur Absurdität erhob, zuletzt nur dem Vorteile, der individuellen und kollektiven Beherrschung und Ausbeutung diente; daß sie auf Mechanismen fußte, die das tiefere Bedürfnis der inneren Ausdehnung, der paradiesischen Träume, der Unberechen- und Unbenutzbarkeit eines beseelten Wesens übersahen; kurz, daß sie den irrationalen Neigungen des Menschen mit derselben Schärfe widersprach, wie heute die Symbolwelt ihr selbst.

Zergliedert man den Begriff der Psyche, so kommt man dabei auf zwei Anteile: den Anteil der unteren, materiellen Seele, der libidinösen Energie, und den Anteil des Bildes. Die Zusammenfassung der libidinösen und der Bildseele in eine Einheit ergibt die Naturseele. Die Libido ist auf greifbare, sinnliche Objekte, die Bildseele dagegen intentional auf die Nichtexistenz von Objekten, Sachen, Dingen (daher Aszese und Introversion!) gerichtet, eben auf das mit dem materiellen Soma verbundene Bild. Die Person aber ist die Form der beiden genannten Seelenkräfte, indem in ihr die Verschmelzung der Libido und des Bildes mit dem Pneuma, dem Geiste, mit anderen Worten das Sinnbild, das Symbol, zustandekommt. Wenn Schindler (›Das magische Geistesleben‹, Breslau 1857) von der »plastischen Kunstwelt des schlafenden Phantasiemenschen« spricht, so ist das offenbar übertrieben. Die Phantasie ist eine conditio sine qua non der Kunst; ihre Phänomene sind aber noch nicht die Kunst selber. Die Phantasie besagt zunächst nur, daß die libidinöse Energie des Menschen an Bilder gebunden ist, daß sie von Bildern getragen wird. Eine ›plastische Kunstwelt‹ entsteht aus dem Strome der Bildseele nur, wo der gestaltende, das heißt wählende und nach einem Vorbild hin ordnende Geist, die Persönlichkeit hinzutritt.

Das erklärt sofort die Funktion der ›participation mystique‹, die Lévy-Bruhl (›Les fonctions mentales dans les sociétés inférieures‹, Paris 1910) als den Charakter der Magie beschrieben hat. Die Bilderwelt, die für den Primitiven Wichtigkeit erlangt, ist eine sinnbetonte, symbolische. Dieser Sinn, das Tabu in seiner Doppelbedeutung von heilig und verboten, wie Freud ihn beschrieben hat, steht mit der hieratischen (totemistischen) Welt in Verbindung. Infolgedessen ist das Bild mit Zauber, mit Kräften, mit Einheiten, mit Extrakten geladen, wie nur die totemistische (pneumatische) Welt der Einheit und Weihe sie verleiht. Von den Ethnologen wissen wir, daß dasselbe Bild, das, mit den Totem- und Tabu-Anschauungen verknüpft, den Primitiven in mystische Erregung versetzt, weil er den Teil fürs Ganze nimmt, – daß dieses selbe Bild den gleichen Primitiven völlig kalt läßt, wenn ihm die Weihe, der Zauber, der besondere Bezug auf Gott oder Dämon fehlt. Nicht die Verdrängung ist es, die den Wert ausmacht, sondern die Energiesumme der Einheit, die schlagartig zu töten vermag. Mit anderen Worten: das Urbild gehört seiner Norm und seiner Energiesumme nach zur pneumatischen, das Sinnbild zur psychischen, das Bild zur somatischen Norm. Bilder sind immer einmal Vorbilder gewesen und können es in neuer Verbindung und Verschmelzung wieder werden. Die Kraft (der Zauber) der urtümlichen Bilder aber rührt von nichts anderem her, als daß sie bei dem ungeheuren Konservativismus der Kulte durch unendliche Zeiträume immer wieder ›betrachtet‹, umliebt, vertieft und auf einen immer wesentlicheren Typus reduziert worden sind.

XVII

Wenn Bernoulli und Klages von der ›Realität der Bilder‹ sprechen, meinen sie nichts anderes als die ›participation mystique‹, die Magie. Alle Geister, denen die ›Bildung‹ angelegen war, haben den Begriff des Ur-und des Vorbildes gepflegt. Auf der Realität der Urbilder besteht schon Plato; von ihr wissen Dionysius und Augustinus zu berichten. Goethe und Baader betonten im deutschen Sprachgebiet die Realität der Bilder gegenüber der rationalistischen Hochflut ihrer Zeit. Bei Bernoulli-Bachofen-Klages, wenn sie die Realität der Bilder betonen, taucht nur die alte romantische Verwahrung gegen die Auslegung der ιδεα (Urbild) als Ratio wieder auf; eine Verwahrung, die im gewaltigsten Ausmaße von der Kirche aufgestellt und begründet wurde, als sie die Bild- und Fleischwerdung, die Inkarnation des immateriellen Gottessohnes, des Logos, zum Dogma erhob. So wurde Christus zum Urbild der Realität der Bilder, zum Urbild der Kirche.

Es ist ein wenig amüsant, zu sehen, wie die neueren Klassizisten und Humanisten mit ihrer Theorie vom Natursymbol sich gegen die eigene Herkunft wenden: indem sie den apollinischen Teil des Hellenentums dem dionysischen gegenüber bekämpfen. Darin sind sie Nietzscheaner geblieben: sie kämpfen gegen die Religions*wissenschaft,* ein alexandrinisches Erbe, viel mehr als gegen die Kirche. Der Bachofensche Satz, wonach »in der Urreligion die Welt nur Bild« sei, dieser Satz läßt auch den Katholizismus als Urreligion erscheinen. Freilich nicht mehr den Protestantismus und gar nicht den Puritanismus, die bilderstürmenden Konfessionen. Wäre aber gerade das *Natur*symbol der Inbegriff der Bildphilosophie, dann wäre nicht einzusehen, weshalb wir die hellenischen und ägyptischen Mysterien nicht sollten noch heute wieder beleben können. Die Wiedergeburt aus der Mutter war doch wohl schon in den primitivsten Zeiten an liturgische Prozeduren geknüpft, die das Bild erst zum Werte erhoben; sonst wäre es heute noch möglich, ein Bild der Demeter oder der Isis aufzustellen, darunter hindurchzukriechen und sich wiedergeboren zu empfinden. Auch der andere Satz, wonach »der pelasgischen Seele nichts profan« sei, läßt sich zwar behaupten, aber nicht beweisen. Homers ›göttlicher Sauhirte‹ ist kein Schweinehüter aus der Umgebung von Basel oder Lugano, sondern ein Hirte, der wohl, ehe er dem Dichter anheimfiel, zum orphischen Symbolschatze gehörte, worin das Schwein unter gewissen Umständen als ›tabu‹ empfunden wurde, vermutlich seiner Geschlechtspotenz wegen. So taucht es als Begleiter des Gottes auf; in christlicher Darstellung (Folklore) auch als Begleiter des hl. Antonius. Homers ›göttlicher Sauhirte‹ ist vermutlich eine Blasphemie, und die Orphiker haben ihn ja auch mit den Füßen nach oben in ihrer Hölle aufgehängt.

»Mit dem Bachofenschen Chthonismus«, sagt Bernoulli S. 364, »wird das Feld des Willens, der Tat, aber auch des Intellekts, des theoretischen Gedankens, der Vorstellung überhaupt verlassen; und es eröffnet sich dem forschenden Geiste (dem Geiste?) mit der Anschauung, mit dem Gefühl, mit dem Ergriffensein ein ganz anderes Bewegungsfeld.« Ein solches System der puren Bildwelt bedarf, um gleichwohl Theorie und Tat zu werden, seiner Ergänzung durch Faktoren, die ihm eigentlich grundsätzlich entgegen sind, nämlich durch Deuter, durch Interpreten, durch Sprecher. Bernoulli selbst ist ein vorzüglicher Interpret, beruft sich aber zur systematischen Bewältigung Bachofens außerdem auf zwei Symbolphilosophen, die er in der zweiten Hälfte seines Buches einführt: auf einen konsequenterweise literarisch unbezeugt Gebliebenen, auf Alfred Schuler, und auf den Freund dieses rätselhaften Mannes, auf Ludwig Klages. Gleich hier könnte man einen gewichtigen Einwand gegen Bernoulli sowohl wie gegen Klages erheben: daß sie nämlich notwendig um die logische, die personalhafte, um die geistige Realität ihrer Sprache nicht gleicherweise bemüht sein können wie um die Bekämpfung des Logos. Dies soll durchaus kein nörgelnder, sondern, bei aller Anerkennung großer Verdienste der genannten Männer, eine methodische Bemerkung sein, die auf den Kern der Sache abzielt. Man kann nämlich, wie Bernoulli und Klages es wollen, die natürliche Bild- und Ausdruckswelt nicht prinzipiell vertreten, ohne die Welt des Wortes und der Form als irrelevant zu betrachten. Man kann auf der rigorosen Licht- und Intellektfeindschaft nicht bestehen, ohne die Logizität der Sprache zu verlieren.

»Die beiden ehernen Angeln, in denen sich (nach Bernoulli) die Pforte des Denkens bei Klages dreht«, sind einerseits der Ausdrucksgedanke und andererseits der Bewußtseinsbegriff. Der letztere Begriff interessiert uns hier besonders. Das Bewußtsein kann nach Klages-Bernoulli nicht aus der Seele allein, sondern nur aus deren »Zusammenspiel oder richtiger: Ringkampf mit dem ihm wesentlich *gegensätzlichen* (weil akosmischen) Geiste verstanden werden« (S. 378). Schon Nietzsche verkünde, der Geist sei lebensfeindlich, aber er unterlasse es, daran eine folgenschwere Unterscheidung anzuschließen: die Unterscheidung von Wille und Trieb. Klages seinerseits detestiert die Willensakte; in jeder *Willkür*bewegung stecke die persönliche (doch wohl nur die triebhafte?) Ausdrucksform. Das Leben an sich ist religiös (?). Das Christentum ist in seiner Blüte weit entfernt von

Aszese (?). Dennoch sei es der Weg zur Aszese, weil es der Weg ›nach oben‹ ist. Oben im höchsten Zenith steht »unbeweglich saugend ein farbloser Lichtpunkt: das *Gegenherz der Welt, der Logos*« (S. 375).

Auf das System im einzelnen einzugehen, ist nicht meine Absicht. Klages bestreitet die geistige Norm; er läßt nur die beiden ersten Bezirke, Leib und Seele, gelten. Es finden sich schöne und wertvolle Aussagen: »Der Leib hängt mit der Seele zusammen wie das Zeichen mit dem Bezeichneten.« Oder: »Ebenso wie der Sprachlaut Zeichen des Begriffs, ebenso ist der lebendige Leib die Erscheinung der Seele, und ebenso wie der Sprachkundige den gesprochenen Lauten das Urteil entnimmt, das sie meinen, ebenso entnehmen wir den Vorgängen des lebendigen Leibes die seelische Wallung, die in ihnen sich äußert.« Hier ist der Seele die Sprache als Begriff und Urteil übergeordnet. Diesen Begriff und dieses Urteil als *abstrakte* Erkenntnisakte bekämpft Klages und empfindet sie als lebensfeindlich und lebensstörend. Soweit befinden wir uns auch in vollkommener Eintracht mit ihm und begrüßen dankbar einen Vorkämpfer der Symbol-, Kunst- und Bildwelt; der Malerei insbesondere als jener Kunst, die am innigsten seiner Philosophie entspricht (siehe Prinzhorn, der ihn an allen entscheidenden Punkten zitiert). Nur eben, wenn Klages nun den Willen und damit das Bewußtsein einem der individuellen Ausströmung hinderlichen Hemmtriebe zuschreibt, statt ihn als die Persönlichkeit integrierend zu empfinden; nur eben, wenn er im Sinne der Romantik an eine ›Naturgnade‹ glaubt, die durch den Willen entstellt wird; nur, wo er im Willen den Geist überhaupt und vom Worte die Ratio abtrennt: nur dort versagen wir die Gefolgschaft.

Der kontemplative Charakter, den Klages vertritt, mag solche Philosophie bedingen. Nur der kontemplative und in der Kontemplation verbleibende Mensch, in den Künsten vor allem der Maler, der Bildner mag solche Philosophie teilen. Dichter und Denker aber, die innerhalb der psychischen Norm eine höhere Stufe repräsentieren, werden nicht zustimmen können. Beide werden des Wortgegners Sprache kritisch betrachten und werden es fraglich finden, ob eine Philosophie vorhanden sei, die der Realität ihres Normcharakters widerstreitet. Die Sprache nämlich, der Logos, gehört zwar, soweit sie nur Bild ist, der Psyche an; mit ihrem sinngebenden, aszetischen, erwirkenden Teile aber, mit ihrem formalen Charakter, mit Verteilung, Ordo, Persönlichkeit gehört sie zum Geiste. Sie ist ein Grenzprodukt auf dem Wege von der psychischen zur pneumatischen Norm und muß der Bildsphäre notwendig zu einem Teile überhoben sein, während sie mit ihrem niedrigeren Teile ihr angehört. Wäre dem nicht so, was hätte Bachofens Bilder-Entdeckung für einen Sinn? Er hätte seine ganze Entdeckung brütend für sich behalten; ja er hätte seine Bilder ohne ihre Interpreten, die antiken Dichter und Philosophen, nicht einmal verstehen können. Klages weiß selber sehr wohl, daß die Sprache, ›recht betrachtet‹, das mächtigste Ausdrucksmittel des Menschen ist und seelenkundliche Aufschlüsse ersten Ranges zu liefern vermag. Nur eben, wo nach Bernoulli sein Werk (›Ausdrucksbewegung und Gestaltungskraft‹, Joh. Ambr. Barth, Leipzig) in der

»Auffassung der Begabung schlechthin als Gestaltungskraft« gipfelt; wo er in einer heute viel widerspruchsvolleren Weise als die Zeit der schöpferischen Idealisten und der Romantiker noch von der ›Naturpersönlichkeit‹ überzeugt scheint: nur dort regt sich unser Widerspruch.

Es gibt keine solche Naturgnade (Gestaltungskraft und -Person), oder aber sie ist den heftigsten Perversionen und Dämonismen, den heftigsten asozialen und verwirrenden Einflüssen ausgesetzt. Heute mehr als je; denn frühere Zeiten zehrten inniger noch als wir heute vom alten Erbe der Weihe, der Sakramente; sie standen im Banne und unter der Nachwirkung einer festgefügten Tradition, mehr als ihnen bewußt war. Jene traumhafte Trägheit, die Freud in seiner ›Neurosenlehre‹ den Symbolikern entgegenhält; die Hemmung gerade des Willens und sein Ersatz durch aufsteigende Bilder; die libidinöse Gebundenheit; hier ist die Kehrseite der Ausdrucksphilosophie. Und es gibt keinen Zwiespalt der Urpotenzen Seele und Geist. Die Klagessche These: ›Seele contra Geist‹ (Bernoulli, S. 384) ist die Formel des von der geistigen Norm gelösten Ästhetizismus. Diese Formel aber, wenn man sie ihrer zeitbedingten Relativität entkleidet, widerspricht einem Urbild (Dogma): der Erschaffung der Menschenseele durch die Person Gottes. Ist die Seele nicht eine Gnade des Geistes? Ist sie nicht der Interpret des Geistes und sein Emissär? Ist sie im Geiste nicht beschlossen mit allen ihren Vermögen; freilich nicht im wissenschaftlichen, sondern im heiligen Geiste? Von einem ›Pandämonium der Bildelemente‹ ist bei Klages (›Vom Wesen des Bewußtseins‹, 1921) die Rede. Fragt man aber, wie aus solchem Pandämonium Gestalt und Person entstünden, dann lautet die Antwort: »Was immer in den Strahl des urbildlichen Schauens trat, es ist nicht mehr ein Ding unter *anderen* Dingen, sondern es wurde zum Mittelpunkt der Welt« (S. 93). Auf welche Weise wurde es dazu? Der Weg vom Schauen zum Mittelpunkt der Welt ist ein weiter Weg; das Werk und ein Mittlerwille liegen dazwischen.

XVIII

Und so mag die Logoslehre der Kirche den Abschluß bilden. Entsprechend dem ästhetizistischen Ansturm, der die ausgedehntesten Zeiträume und die verschollensten Systeme umfaßt, nehme ich die Beispiele aus der Frühzeit und aus dem weniger bekannten Ideenschatze der Kirche. ›Im Anfang war das Bild‹, sagt Bernoulli in Bachofens Sinn. Im Anfange aber war das Wort, weil es der höchste, einfachste und konzentrierteste Ausdruck des Menschen ist. Im Anfang sprach Gott: ›es werde Licht!‹; im Anfange schuf er die Seele, das Bild seines Wortes. Nicht die »primäre Wirklichkeit der Symbole brachte Religion hervor« (Bernoulli, S. 514), sondern die göttliche Person schuf die Symbole und gab ihnen Realität durch Identifizierung mit ihrem Inhalt. Der Totemismus (Pneumatismus), so will Bachofen, sei die »zweckmäßige Verwendung des Natursymbols Hand in Hand mit den ersten Versuchen einer Gesellschaftsbildung«. Es gibt aber gar keine Natursymbole außer in Gestalt einer zweckmäßigen Verwendung von hieratischen Symbolen bei den ersten Versuchen einer Gesellschaftsbildung. Die Forschung lehrt und die Erfahrung bestätigt es noch täglich, daß aus der pneumatischen (der Totemsphäre) die Symbole entstanden, und daß im Symbol die Norm sowohl der Künste wie der Gesellschaft enthalten war. Osiris-Dionysos lehrt den Ägyptern die Maße, die Zahlen, die Musik und den Ackerbau. Die christliche Kunst und die christliche Gesellschaft sind aus der pneumatischen Sphäre der Evangelien entstanden; doch wohl nicht umgekehrt.

Wer ist er nun, der Logos? Wie interpretieren ihn die Väter? Bei Justin dem Märtyrer ist er das Schöpferwort und der Offenbarer Gottes an den menschlichen Geist. Bei Origenes ist er der Schöpfer der Welt, dessen Geheimnisse die heilige Kultsage und zugleich auch das Wort im Sinne der hellenischen Logiker und Grammatiker umfaßt. Bei Klemens Alexandrinus ist er der Erlöser, und als solcher die Erkenntnis, das Leben, die Liebe in nicht zu überbietendem Grade. Als Pädagoge erschließt er seinem Schüler nacheinander die Psychologie, die Moral, die *Ideen,* und weit darüber hinaus das Heilige und Überheilige. Daß diese Ideen aber nicht Abstrakta sind, ergibt ein interessanter Beweis aus der kirchlichen Dämonologie. »In meinem (des Logos) Namen«, sagte der Gottessohn, »werdet ihr Dämonen vertreiben«. Nun werden aber schon zur Zeit des hl. Justin und noch heute bei den Exorzismen Teile des *Symbolons,* des Kredo mit seinem Zuge von Urbildern verwandt. Etwa so: »Im Namen dessen, der aus Maria der Jungfrau geboren, der gekreuzigt, gestorben und auferstanden ist; der kommen wird zu richten ... gebiete ich dir.« Das Symbolon, das Kredo, und seine Auslegung im Dogma machen also den Inhalt des Namens Christi, des Logos, des Wortes aus.

Damit aber sind nicht alle Beziehungen des Logos erschöpft. Gelegentlich der ›Mystischen Theologie‹ des Dionysius Areopagita wies ich an anderer Stelle darauf hin, wie dieser Heilige das Wort θεολογια verwendet. Er gebraucht nämlich statt θεολογια auch λογια bzw. λογιον sowie ίερος λογος. Die Quelle dieser ίεροι λογοι liegt, so behauptet man, in den Mysterienfeiern. Dort bezeichnete der Terminus den jeweiligen Mythus, der den Kult veranlaßte und bei der Feier selbst in allegorischer Handlung dargestellt wurde. Der Terminus θεολογια bezieht sich also auf die gottesdienstliche Handlung und auf deren Vorbild, die Offenbarung: der Inbegriff des Wortes ist auch die Liturgie. Der ίερος λογος umfaßt die ›Gottestaten‹, wie Dionysius sagt, den ›Roman des lieben Gottes‹ nach dem Worte einer Dichterin. In diesem Sinne weiß Gregor von Nazianz um eine θεολογια εκ των Σεραφιμ, und es wird klar, weshalb die Neuplatoniker, die unseren Neusymbolikern in vielem ähnlich sind, ihre christlichen Gegner gerade um die Offenbarungsliteratur beneideten.

Dieser Logos in seiner ganzen Fülle wird nach Athanasius dem Menschen in der Taufe aufgeprägt. Die kreatürliche Seele des Menschen wird zur christlichen Person. Sie erhält die Rechte und Pflichten eines Christen; sie erhält die magische Gnade der Anteilnahme am Kult und seinen Geheimnissen. Ich gebrauche das Wort ›magisch‹ dabei im Sinne der ›participation mystique‹, keineswegs im andern Sinne, der eine dem Taufakte vorhergehende Läuterung entbehrlich erscheinen ließe. Dem Bade der Wiedergeburt geht der Exorzismus voraus. Die Taufe selbst ist bei Paulus ein Eintauchen in Christi Tod; die Gewalt der Materie und des Schicksals wird ›mit Christus in den Tod begraben‹. In den Voraussetzungen der Taufe, und in der zweiten Taufe, im Sakramente der Buße ist die aszetische Doktrin der Kirche begründet. Sie ist nichts anderes als eine Methodik der strengen Vereinfachung; eine Vorbereitung für die immer innigere Vereinigung mit dem Logos im heiligsten Sakramente der Eucharistie.

Biographie

1886
22. Februar: Hugo Rudolf Ball wird in Pirmasens als fünftes von sechs Kindern des Schuhreisenden und Lederhändlers Carl Ball und seiner Frau Josephina, geb. Arnold, geboren und am 11. März katholisch getauft.
Im Elternhaus erfährt Ball eine streng katholische Erziehung.

1891
Besuch der Volksschule in Pirmasens (bis 1895).

1895
Besuch des Königlichen Progymnasiums zu Pirmasens, einer sechsklassigen Lateinschule (bis 1901).
Erste lyrische und musikalisch-kompositorische Versuche.

1901
Auf Wunsch der Eltern beginnt Ball eine Lehre in einer Lederhandlung in Pirmasens.
Erste dramatische Versuche und Gedichte.

1904
Nach einem gesundheitlichen Zusammenbruch bricht Ball seine Lehre ab und erhält Privatunterricht zur Vorbereitung auf die letzte Gymnasialklasse.

1905
In der Zeitschrift »Der Pfälzerwald« erscheinen erste Gedichte.
September: Eintritt in das Königliche Humanistische Gymnasium in Zweibrücken (bis Juli 1906).

1906
Juli: Ball legt das Abitur ab.
Oktober: Immatrikulation zum Studium der Germanistik, Geschichte und Philosophie in München (bis Juli 1907).
Beginn einer lebenslangen Freundschaft mit seinem Vetter August Hofmann.

1907
Zum Wintersemester wechselt Ball an die Universität Heidelberg, wo er u. a. Lehrveranstaltungen über Wagner, Schopenhauer und Nietzsche belegt.

1908
Aufenthalt in Basel.
November: Zum Wintersemester kehrt Ball an die Münchner Universität zurück (bis April 1910).

1909

Winter auf 1910: In dem Dorf Schnaitsee bei Wasserburg am Inn schreibt Ball an seiner Dissertation zum Thema »Nietzsche in Basel«, wahrscheinlich mit der Absicht, in Heidelberg zu promovieren.

1910

Frühjahr: Ball bricht sein Studium ab, gibt sein Promotionsvorhaben vorerst auf und überwirft sich mit der Familie.
September: Er wird Regieschüler an der Schauspielschule des von Max Reinhardt geleiteten »Deutschen Theaters« in Berlin.

1911

Sein erstes Buch, die Tragikomödie »Die Nase des Michelangelo« erscheint im Ernst Rowohlt Verlag.
September: Regisseur und Dramaturg mit Schauspielverpflichtungen beim Stadttheater Plauen für die Spielzeit 1911/12.

1912

Juli: Wechsel zum »Münchner Lustspielhaus«, das sich unter Eugen Robert in der Spielzeit 1911/1912 zu einem Forum moderner Dramatik entwickelt.
1. Oktober: Engagement als erster und alleiniger Dramaturg des »Münchner Lustspielhauses«.
11. Oktober: Spielzeiteröffnung unter dem von Ball vorgeschlagenen neuen Namen »Münchner Kammerspiele«.
Freundschaft mit Hans Leybold und der Schauspielerin Leontine Sagan.
24. November: Ball organisiert eine Feier zum 50. Geburtstag Gerhart Hauptmanns, bei der dessen »Helios«-Fragment uraufgeführt wird.
30. November: Uraufführung von Frank Wedekinds Drama »Franziska«, bei der Frank und Tilly Wedekind mitspielen.

1913

März: Balls »Aphorismen« erscheinen in der Zeitschrift »Jugend«.
Zusammenarbeit mit dem Verlag von Heinrich F. S. Bachmair in München.
Juli: Erste expressionistische Gedichte von Ball erscheinen in der Zeitschrift »Die Aktion«.
Neben seiner Theatertätigkeit arbeitet Ball als Redakteur für verschiedene Theaterverlage.
Ball verkehrt im Kreis des »Blauen Reiters«.
Oktober: Balls Gedicht »Der Henker« erscheint in der ersten Nummer von Bachmairs Zeitschrift »Revolution«, woraufhin das Heft mit dem Vorwurf der Verbreitung unzüchtiger Schriften konfisziert wird. Der Prozess vor dem Münchner Landgericht macht Balls Namen bekannt.
Bekanntschaft mit Johannes R. Becher, Emmy Hennings, Klabund, Richard Huelsenbeck und Hans Leybold.

Oktober: Reise nach Dresden und Berlin. In Dresden wird der Besuch einer Futuristen-Ausstellung zur ersten prägenden Begegnung mit der Malerei der radikalen Moderne. Begegnungen mit Jakob Hegner in Hellerau sowie mit Else Lasker-Schüler, Gottfried Benn und Kurt Hiller in Berlin.

Dezember: In der Zeitschrift »Die Neue Kunst« erscheinen expressionistische Gedichte von Ball.

1914

Zusammenarbeit mit Wassily Kandinsky bei dem Versuch einer Erneuerung des »Münchner Künstlertheaters«. Die Bemühungen, dem Expressionismus einen Weg ins Theater zu bahnen, scheitern.

6. April: Das Reichsgericht entscheidet in letzter Instanz über die Anklage wegen Balls Gedicht »Der Henker«, es sei unverständlich und rufe daher keine »schamverletzende Wirkung« hervor.

Unter dem Pseudonym Klarinetta Klaball erscheinen gemeinsame Gedichte von Ball, Klabund und Marietta di Monaco.

Juni: Zum 50. Geburtstag von Frank Wedekind erscheint der Aufsatz »Wedekind als Schauspieler«.

Juni: Plan eines Almanachs »Das Neue Theater« als Pendant zur Sammlung »Der Blaue Reiter«. Der Kriegsausbruch führt zum Scheitern des Projektes.

Juli: Neuer Dramaturgen-Vertrag mit den Münchner Kammerspielen.

August: Alle künstlerischen und herausgeberischen Pläne werden durch den Kriegsausbruch zunichte gemacht. Gemeinsam mit Klabund stellt sich Ball in München als Kriegsfreiwilliger. Beide werden für kriegsuntauglich erklärt.

Aufenthalt bei der Familie in Pirmasens.

September: Um einen verschwundenen Bekannten zu besuchen, reist Ball durch das frontnahe Lothringen. Eindrücke von den Verwüstungen des Krieges.

7. September: Der Freund Hans Leybold begeht nach einem Lazarettaufenthalt Selbstmord.

Oktober: Übersiedlung nach Berlin, wo Ball zur Gruppe der expressionistischen Avantgarde gehört. Er gerät zunehmend in Distanz zur »Aktion« um Franz Pfemfert und nähert sich René Schickele und seiner Zeitschrift »Die Weißen Blätter« an.

Freundschaft mit Richard Huelsenbeck.

Er wird zum erbitterten Kriegsgegner.

November: Beginn der intensiven Beschäftigung mit Revolutionsbewegungen und Anarchismus.

Ball beginnt mit Tagebuchaufzeichnungen (bis 1921).

»Der Henker von Brescia« (Drama).

Ball beginnt seinen Roman »Tenderenda der Phantast« (abgeschlossen 1920, Erstdruck 1967).

1915

April: Anstellung als Redakteur der Zeitschrift »Zeit im Bild« (bis 1915).
Ball schreibt Beiträge für René Schickeles »Weiße Blätter«.
Enge Zusammenarbeit mit Richard Huelsenbeck, mit dem zusammen er
»Ein literarisches Manifest« schreibt.
12. Mai: Tumultuarischer Expressionistenabend in Berlin, der als Prototyp
späterer Dada-Soireen gilt. Neben den Veranstaltern Ball und Huelsenbeck
treten u. a. Johannes R. Becher, Emmy Hennings und Resi Langer mit einer
Lesung von Gedichten Alfred Lichtensteins auf.
Ende Mai: Auf Einladung von Walter Serner emigriert Ball gemeinsam mit
Emmy Hennings nach Zürich. Er gerät in den folgenden Monaten in eine
extreme wirtschaftliche Notlage.
Kontakte zur syndikalistischen Arbeiterbewegung in Zürich und deren
Theoretiker Fritz Brupbacher.
Oktober-Dezember: Engagement im Varieté-Ensemble »Flamingo« als
Texter und Pianist.

1916

5. Februar: Ball gründet in Zürich das »Cabaret Voltaire«, das Treffpunkt
pazifistischer Emigranten und Zentrum des Dadaismus wird. Hier verkehren
u. a. Hans Arp, Richard Huelsenbeck, Marcel Janco und Tristan Tzara.
Das Gedicht »Totentanz 1916« erscheint in der Zeitschrift »Revoluzzer«.
18. April: Ball erfindet »Dada« als Namen einer geplanten Zeitschrift. Im
Vorwort zu der von Ball herausgegebenen Sammlung »Cabaret Voltaire«
macht er wenig später den Namen publik.
23. Juni: Ball trägt seine ersten Lautgedichte »Verse ohne Worte« im »ku-
bistischen Kostüm« vor.
14. Juli: Im Zürcher Zunfthaus findet der »I. Dada-Abend« statt, bei dem
Ball »Das erste dadaistische Manifest« verliest, mit dem er sich vom Dadaismus lossagt.
Ende Juli: Erster Rückzug ins Tessin (bis Oktober). Freundschaft mit Leonhard Frank.
Ende Oktober-November: Rückkehr nach Zürich und Reise nach Ermatingen
gemeinsam mit Leonhard Frank.
Ende November: Rückkehr nach Zürich, wohin auch Emmy Hennings
übersiedelt.

1917

Ball gerät zwischen die Fronten der innerhalb der Zürcher Emigrantenszene
aufbrechenden Gegensätze und wendet sich zeitweilig wieder dem Dadaismus zu.
17. März: Ball gründet gemeinsam mit Tristan Tzara die »Galerie Dada«
in Zürich.

27. Mai: Aufgrund organisatorischer und finanzieller Schwierigkeiten sowie wachsender Spannungen mit Tzara beendet Ball seine Tätigkeit in der »Galerie Dada«, die aufgelöst wird.

August: Übersiedlung nach Ascona.

September: Übersiedlung nach Bern. Ball verfasst zahlreiche Beiträge für die Berner »Freie Zeitung« und wird 1918 Mitglied der Redaktion (bis 1920).

Herbst: Freundschaft mit Ernst Bloch.

1918

April: Der Roman »Flametti oder Vom Dandysmus der Armen« erscheint mit einer Widmung an Emmy Hennings.

August: Ball wird literarischer Leiter des neugegründeten Freien Verlags in Bern, in dem er den »Almanach der Freien Zeitung 1917–1918« herausgibt.

1919

Januar: »Zur Kritik der deutschen Intelligenz«.

Enge Kontakte zu Walter Benjamin, der in Bern promoviert und im Nachbarhaus von Ball wohnt.

1. März: In seinem Artikel »An unsere Freunde und Kameraden« zieht Ball eine Bilanz der Novemberrevolution.

Anfang März – Anfang April: Zum ersten Mal seit Kriegsende besucht Ball Deutschland. Reise nach München, Frankfurt am Main, Mannheim.

Ende April – Ende Mai: Zweite Deutschlandreise, u. a. nach Berlin und München.

Juli-August: Aufenthalt in Melide am Luganer See.

September: Kontakt zu Rudolf Grossmann (Pierre Ramus).

Jahresende: Der von Ball geleitete Freie Verlag gerät in wachsende finanzielle Schwierigkeiten.

1920

21. Februar: Eheschließung mit Emmy Hennings in Bern.

März: Übersiedlung nach Berlin.

27. März: Die »Freie Zeitung« stellt ihr Erscheinen ein.

Sommer: Auflösung des Freien Verlags.

Rückwendung zur katholischen Überlieferung und Glaubenspraxis.

August: Rückkehr in die Schweiz und Ansiedlung im Dorf Agnuzzo am Luganer See.

Dezember: Erste Begegnung mit Hermann Hesse.

1921

Oktober: Übersiedlung nach München.

1922
Treffen mit Hans Arp und Johannes R. Becher.
Oktober: Wiedereinzug in Agnuzzo.

1923
»Byzantinisches Christentum. Drei Heiligenlegenden« (Schriften).
30. August: Tod der Mutter in Pirmasens.

1924
»Carl Schmitts Politische Theologie« (Aufsatz).
Oktober: Übersiedlung nach Rom.
Im Zusammenhang mit einem Buchprojekt studiert Ball die Psychoanalyse in einem italienischen Laboratorium.

1925
März: Umzug nach Vietri Marina bei Salerno.
Mai: Bezug eines Hauses in Albori bei Salerno.
Studium der Schriften von C. G. Jung.
Dezember: Umzug nach Vietri sul Mare.

1926
Mai: Rückkehr ins Tessin und Einzug in die Casa Schori in Lugano-Sorengo.

1927
»Die Flucht aus der Zeit« (Autobiographie, basierend auf Balls Tagebüchern der Jahre 1913 bis 1921).
»Hermann Hesse. Sein Leben und Werk« (Monographie).
14. September: Nach einer erfolglosen Operation stirbt Ball in Sant' Abbondio bei Lugano an Magenkrebs.